AF473825

Calvin Dondo

Hodhii Zimbabwe

Calvin Dondo

Hodhii Zimbabwe

AFRICALIA & STICHTING KUNSTBOEK

Direction of the collection / Collectie onder leiding van / Direction de la collection / Leitung dieser Kollection :
Frédéric Jacquemin

On an initiative of / Op initiatief van / Sur une initiative de / Auf Initiative von :
Mirko Popovitch

Editing coordination / Redactiecoördinatie / Coordination éditoriale / Koordination der Bearbeitung :
Mirko Popovitch, Bjorn Maes, Carin Leclercq, Audrey Brisack

Assisted by / Geassisteerd door / Assistés de / Unterstützt durch :
Kristel Driesmans

Photographs / Foto's / Photos / Fotografien :
© Calvin Dondo

Texts / Teksten / Textes / Texte :
Doreen Sibanda, Dr. Christine Scherer

Selection of the photographs / Selectie van de foto's / Sélection des photos / Auswahl der Fotografien :
Calvin Dondo, Mirko Popovitch, Raf Thienpont

Biographical notes / Biografische notities / Notices biographiques / Biographische Notizen :
Bjorn Maes

Correction des textes et relecture / Tekstcorrecties en nalezing / Editing and proofreading / Lektorat und Korrektur :
Henry Landroit, Carin Leclercq, Bjorn Maes, Dorine Rurashitse, Patricia Van de Velde, Guy Poppe

Graphic design / Grafische vormgeving / Conception graphique / Grafikdesign :
www.raf-thienpont.be

Translations / Vertalingen / Traductions / Übersetzung :
Vertaalbureau Alfabet, Susanne Dickel (DE)

Publishers / Uitgevers / Editeurs / Herausgeber :
Africalia asbl/vzw, Stichting Kunstboek

Printing / Druk / Impression / Druck :
PurePrint

Editor-in-chief / Verantwoordelijke uitgever / Editeur responsable / Chefredakteur :
Gie Goris, 13 rue du Congrès, 1000 Bruxelles

Thanks to / Met dank aan / Merci à / Dank :
The European Union Delegation to Zimbabwe, H.E. Aldo Dell'Ariccia, Ambassador, National Gallery of Zimbabwe, Gwanza Photography Collective, Der Stadt München /The City of Munich, Pamberi Trust, Paul Brickhill

Copyrighting – Royal Library / Depotnummer – Koninklijke Bibliotheek / Dépôt Légal – Bibliothèque Royale de Belgique / Urheberrecht – Königliche Bibliothek :
D/2014/6407/3

ISBN
978-90-5856-421-4

Info
www.africalia.be – 00 32 2 412 58 80 – africalia@africalia.be

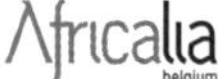

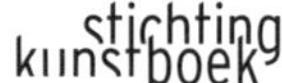

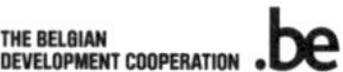

CONTENT / INHOUD / SOMMAIRE / INHALT

* **hodhii** *is a knock on the door, 'We are here, can we come in?' It's a colloquialism used commonly throughout the region (northwards, including Zambia and Malawi), a light-hearted banter slang word you use when you get to someone's home or announcing your presence when you get to a home or a place where people are gathered.*

A quick internet search through bookstores and libraries reveals numerous books on Zimbabwe. Particularly its colonial past and independent political history are fairly well represented, adding some worthy literature (novels and poetry) by contemporaries. Nonetheless, photobooks from Zimbabwe make for a meagre collection, with a handful safari books observing the unique natural riches of fauna and flora, and only a couple archival photo exhibitions worth mentioning. **

Not reflecting on some deserving catalogues on Shona sculpture or Ndebele wood carvings or other visual arts alike, there is hardly any trace of creditable imagery collections published from Zimbabwe. Yet, the nation holds arts and culture in high regard, almost by default. It takes its name from an age old royal trading settlement (Great Zimbabwe) and it proudly heralds a stone sculpture in its flag. Ignoring weaponry and religious symbols, it's in fact the only country in the world that features a human artifact in its national colours, an unmistakable celebration of national identity and cultural heritage.

Subsequently, it is high time to start making a difference, especially with notable talent around and new accessible technologies at our disposal. What could a contemporary photography book by a Zimbabwean photographer not bring for the identity of its people? What would it take from recent days, what should it choose to remember? So many lenses could show such diverse cultural traits.

It started modestly in 2003, but now each midyear hosts *Gwanza Month of Photography* as Zimbabwe's most notable annual photography shows. Gwanza Photographers' Collective is an iniative of Calvin Dondo, whose name already resonates in the international arena. He is a pioneer of his trade who manifestly sports a striking eye in these historic times. The multiplicity of his art is remarkable and gave us sufficient grounds to devote a first and distinctive monography to this soft-spoken artist / photographer.

This book is a knock on the door of a stone house, a calling to open up and discover its inner mirror, an urge to show itself

* **hodhii** *betekent op de deur kloppen, 'We zijn hier, mogen we binnenkomen?' Het is een alledaagse uitdrukking, die in de hele regio (naar het noorden toe, ook in Zambia en Malawi) gebruikelijk is, een opgewekt en schertsend slang-woord dat mensen gebruiken wanneer ze iemand thuis gaan bezoeken of hun aanwezigheid aankondigen in een huis of een ruimte waar mensen samen zijn.*

Een snelle zoektocht door boekenwinkels en bibliotheken op het internet leert ons dat er veel boeken over Zimbabwe bestaan. Vooral zijn koloniale verleden en de politieke geschiedenis na de onafhankelijkheid zijn vrij goed vertegenwoordigd, naast een aantal lovenswaardige literaire werken (romans en gedichten) van hedendaagse auteurs. Met fotoboeken uit Zimbabwe is het echter pover gesteld. Behalve een handvol safariboeken, die aandacht besteden aan de unieke natuurlijke rijkdom van de fauna en flora, zijn slechts fototentoonstellingen van archiefstukken op te merken. **

Als we een aantal verdienstelijke catalogi over Shona beeldhouwkunst of Ndebele houtsnijwerk of over andere visuele kunsten buiten beschouwing laten, vinden we haast geen spoor van vermeldenswaardige beeldcollecties uit Zimbabwe. Toch heeft de natie, bijna als vanzelfsprekend, een bijzonder grote waardering voor kunst en cultuur. De naam van het land is afgeleid van een eeuwenoude handelsnederzetting (Groot-Zimbabwe) en op zijn vlag prijkt trots een stenen beeld. Afgezien van wapens en religieuze symbolen, is Zimbabwe het enige land ter wereld dat op zijn nationale vlag een kunstzinnig artefact afbeeldt, als onmiskenbaar eerbetoon aan de nationale identiteit en het culturele erfgoed.

Het is bijgevolg de hoogste tijd om een verschil te beginnen maken, vooral omdat er opmerkelijk getalenteerde kunstenaars rondlopen en we over nieuwe en toegankelijke technologieën kunnen beschikken. Wat zou een boek over hedendaagse fotografie door een Zimbabwaanse fotograaf niet kunnen bijdragen tot de identiteit van zijn volk? Wat zou een dergelijk werk uit de recente periode opnemen, wat moet het in herinnering blijven houden? Zo vele lenzen zouden zo diverse culturele kenmerken kunnen tonen.

De *Gwanza Month of Photography* startte als een bescheiden evenement in 2003 en prijkt inmiddels elk jaar helemaal bovenaan de lijst van de belangrijkste jaarlijkse fotografietentoonstellingen van Zimbabwe. Het Gwanza Photographers' Collective is een initiatief van Calvin Dondo, die al internationale naam en faam heeft verworven. Hij is een pionier in zijn vak, die ontegenzeggelijk een markante blik werpt op de wereld rondom hem in deze historische

* **Hodhii** *est une expression qui se dit lorsqu'on frappe à la porte "Nous sommes là, pouvons-nous entrer ?". Il s'agit d'une expression familière couramment utilisée dans toute la région (dans le nord, y compris en Zambie et au Malawi), un terme argotique enjoué et amusant qu'on emploie en arrivant chez quelqu'un ou pour annoncer sa présence avant d'entrer dans une maison ou un lieu où des gens sont réunis.*

Une recherche rapide dans les librairies et bibliothèques sur internet suffit pour découvrir une multitude d'ouvrages sur le Zimbabwe. L'histoire de son passé colonial et de son indépendance a tout particulièrement inspiré pas mal d'auteurs, mais on trouve aussi une littérature (romans et poésie) contemporaine intéressante. En revanche, les recueils de photos du Zimbabwe ne sont pas légion courante. On dénombre une poignée de livres sur les safaris, qui dévoilent les richesses naturelles uniques de sa faune et sa flore, et deux ou trois catalogues d'expositions de photos d'archives dignes d'intérêt. **

Mis à part quelques catalogues appréciables sur la sculpture Shona ou le travail sur bois Ndebele ou d'autres arts visuels, il n'y a quasiment aucune trace de collections d'images importantes publiées au Zimbabwe. Pourtant, le pays tient l'art et la culture en haute estime. Et pour cause. Son nom provient d'une ancienne cité commerciale royale (Grand Zimbabwe) et son drapeau arbore fièrement une sculpture en pierre. Sans compter les armes et les symboles religieux, le Zimbabwe est le seul pays au monde dont la bannière nationale comporte un objet fabriqué par l'homme, une célébration sans équivoque de son identité nationale et de son héritage culturel.

Par conséquent, il est grand temps que nous inversions la tendance, surtout avec le remarquable talent et les nouvelles technologies dont la nation dispose. En quoi un recueil de photos contemporain réalisé par un photographe zimbabwéen ne pourrait-il pas apporter sa contribution à l'identité de son peuple ? Que doit-il conserver de ces dernières années, que doit-il conserver de l'histoire ? Il y a tellement d'objectifs qui peuvent montrer la diversité des caractéristiques culturelles.

Gwanza Month of Photography a démarré modestement en 2003 et s'affiche désormais chaque année comme le principal événement photographique du Zimbabwe. Gwanza Photographers' Collective est une initiative de Calvin Dondo, qui s'est d'ores et déjà fait un nom sur la scène internationale. C'est un pionnier de sa profession qui jette assurément un regard saisissant sur l'actualité en ces moments historiques. La multiplicité de son art est telle qu'elle nous donne

* **hodhii** *steht für ein Klopfen an der Tür: „Wir sind da, dürfen wir hereinkommen?". Es ist ein aus der Bantusprache Shona stammender, umgangssprachlicher Ausdruck, der in der ganzen Region (besonders im Norden und auch in Sambia und Malawi) sehr gebräuchlich ist. Man benutzt diesen fröhlich-unbeschwerten Gruß, wenn man jemanden besucht oder um an einem Versammlungsort seine Ankunft anzukündigen.*

Wenn man eine kurze Suche im Internet-Buchhandel und in Online-Bibliotheken durchführt, findet man durchaus viele Bücher über Simbabwe. Insbesondere die Kolonialzeit und die Geschichte der Unabhängigkeit sind recht gut dokumentiert; daneben gibt es auch einiges an zeitgenössischer Literatur (Romane und Gedichte). Doch im Bereich von Fotografie sieht die Sache anders aus: Man findet lediglich ein paar Safari-Bände, in denen die einzigartige Fauna und Flora des Landes abgebildet ist, und auch die ein oder andere archivierte Fotoausstellung kann man entdecken. **

Doch abgesehen von wenigen nennenswerten Katalogen zu Shona-Skulpturen, Ndebele Holzschnitzerei oder anderen Kunstformen, gibt es so gut wie keine wichtigen Publikationen zu bildender Kunst aus Simbabwe. Und das, obwohl Kunst und Kultur in Simbabwe offensichtlich einen sehr hohen Stellenwert besitzen: Der Name des Landes geht auf eine alte königliche Handelsstadt zurück (Groß-Simbabwe) und auf der Nationalflagge prangt stolz die Abbildung einer Steinskulptur. Wenn man von Waffen und religiösen Symbolen absieht, dann ist Simbabwe in der Tat das einzige Land der Welt, auf dessen Nationalflagge als klare Würdigung der nationalen Identität und des kulturellen Erbes ein von Menschen gefertigtes Artefakt abgebildet ist.

Also ist es – insbesondere angesichts des vorhandenen Talents und der uns zur Verfügung stehenden Technologien – höchste Zeit, etwas an dieser Situation zu ändern. Ein Buch mit zeitgenössischen Arbeiten eines simbabwischen Fotografen kann viel über die Identität der Bevölkerung erzählen. Welche Momente der jüngeren Vergangenheit werden festgehalten? Woran soll erinnert werden? Aus unterschiedlichsten Perspektiven können die verschiedensten kulturellen Aspekte beleuchtet werden.

Die jährliche Ausstellung *Gwanza Month of Photography* begann als bescheidene Show im Jahr 2003 und hat sich mittlerweile zur wichtigsten Ausstellung zeitgenössischer Fotografie aus Simbabwe entwickelt. Das „Gwanza Photography Collective" wurde von Calvin Dondo ins Leben gerufen, der sich bereits in der internationalen Kunstszene

to the world and find more authentic rhetoric. This publication pretends little more than a single step in recognizing the work of many deserving artists from Southern Africa, all of whom we trust to build the Africa of tomorrow. Let it be a first, a milestone that hopes for a marathon to follow. Every house starts with a single brick.

BJORN MAES, AFRICALIA

tijden. De opmerkelijk grote verscheidenheid van zijn werk was reden genoeg voor ons om een eerste en karakteristieke monografie aan deze welbespraakte kunstenaar / fotograaf te wijden.

Dit boek is als het kloppen op de deur van een stenen huis, een oproep om zijn innerlijke spiegel te openen en te ontdekken, een drang om zichzelf aan de wereld te tonen en een authentiekere retoriek te hanteren. Deze publicatie wil gewoon maar een eerste stap zijn in de erkenning van het werk van vele verdienstelijke kunstenaars uit Zuidelijk Afrika, op wie we vertrouwen om het Afrika van morgen te helpen opbouwen. Laat dit een première zijn, een mijlpaal in de marathon die hopelijk zal volgen. De bouw van elk huis begint met één enkele steen.

BJORN MAES, AFRICALIA

** In 2010, to commemorate the 30th anniversary of Zimbabwe's independence, the National Archives joined forces with the National Gallery and the Spanish Embassy to host 'National Archives 75 @ 30'. One archival pearl for each year of independence got dusted off and were carefully selected from a century of Zimbabwe ' s history. The oldest image dated 1896, up to the late 1970s. Most unfortunately, a catalogue of an NGZ exhibition in 2010 called 'National Archives 75 @ 30' never got produced. 'Thatha Camera, the pursuit of reality' (Bulawayo National Gallery of Zimbabwe – 1999/2000), a collection of township photos and portrait photography in Bulawayo to 1980, curated by the late Yvonne Vera, did have a catalogue but is no longer available.

** In 2010 sloegen de National Archives, de National Gallery en de Spaanse ambassade de handen in elkaar om de 30ste verjaardag van de onafhankelijkheid van Zimbabwe te herdenken en organiseerden ze 'National Archives 75 @ 30'. Eén parel uit de archieven voor elk jaar onafhankelijkheid werd van onder het stof gehaald en zorgvuldig geselecteerd uit een eeuw Zimbabwaanse geschiedenis. De oudste afbeelding dateerde van 1896 en de meest recente uit de late jaren 1970. Spijtig genoeg werd er nooit een catalogus uitgebracht van de NGZ-tentoonstelling 'National Archives 75 @ 30' in 2010. Van 'Thatha Camera, the pursuit of reality' (Bulawayo National Gallery of Zimbabwe – 1999/2000), een tentoonstelling van een collectie foto's uit de townships en portretfotografie in Bulawayo tot 1980, met de betreurde Yvonne Vera als curator, werd een catalogus gepubliceerd, maar die is niet langer verkrijgbaar.

des raisons suffisantes pour consacrer une première monographie à cet artiste/photographe à la voix douce.

Cet ouvrage est une manière de frapper à la porte d'une maison en pierre, un appel à l'ouverture et à la découverte de son miroir intérieur, une envie irrépressible de se révéler au monde et de trouver des rhétoriques plus authentiques. Cette publication n'a pas plus de prétention que de faire un simple pas vers la reconnaissance de l'œuvre de nombreux artistes passionnants du sud de l'Afrique, à qui nous faisons confiance pour bâtir l'Afrique de demain. Nous espérons que cette initiative sera le premier jalon d'une longue marche. La construction de toute maison commence par une simple brique.

BJORN MAES, AFRICALIA

** En 2010, à l'occasion de la commémoration du 30e anniversaire de l'indépendance du Zimbabwe, les Archives nationales, la National Gallery et l'Ambassade d'Espagne ont réuni leurs forces pour accueillir l'exposition "National Archives 75 @ 30". Pour chaque année d'indépendance, une perle a été sélectionnée avec soin, sortie des archives et dépoussiérée pour illustrer un siècle d'histoire du Zimbabwe. L'image la plus ancienne date de 1896 et la plus récente de la fin des années 1970. Malheureusement, aucun catalogue de l'exposition "National Archives 75 @ 30", organisée en 2010 par la NGZ, n'a été réalisé. Par contre, l'exposition "Thatha Camera, the pursuit of reality" (Bulawayo National Gallery of Zimbabwe – 1999/2000) – collection de photos de townships et de portraits à Bulawayo jusqu'en 1980, organisée par feue Yvonne Vera – a fait l'objet d'un catalogue, mais celui-ci n'est plus disponible.

einen Namen gemacht hat. Er gilt als Pionier, der in diesen historisch bedeutsamen Zeiten durch seinen außergewöhnlich scharfsinnigen Blick auffällt. Die Vielseitigkeit seiner Kunst ist bemerkenswert und ist auch der Grund dafür, dass diesem zurückhaltenden Künstler und Fotografen nun eine erste Monografie gewidmet wird.

Dieses Buch ist ein Klopfen an der Tür eines Steinhauses. Es ist eine Aufforderung, die Tür zu öffnen und den im Inneren befindlichen Spiegel zu entdecken. Es stellt das Verlangen dar, sich der Welt zu zeigen und eine authentischere Sprache zu finden. Angesichts der vielen südafrikanischen Künstler, deren Werk besonderer Anerkennung würdig ist, stellt diese Publikation nur einen ersten Schritt dar. Wir hoffen, dass diesem Schritt viele weitere folgen mögen. Schließlich beginnt auch der Bau eines Hauses mit der Legung des ersten Steins.

BJORN MAES, AFRICALIA

** Zur Feier des 30. Jahrestags der Unabhängigkeit Simbabwes tat sich 2010 das Nationalarchiv mit der Nationalgalerie und der Spanischen Botschaft zusammen, um die Ausstellung „National Archives 75 @ 30" herauszubringen. Für jedes Jahr der Unabhängigkeit wurde ein besonderes Werk aus dem ein Jahrhundert umfassenden Archiv zur Geschichte Simbabwes sorgfältig ausgewählt. Das älteste Bild stammte aus dem Jahr 1896, wobei die Auswahl bis in die späten siebziger Jahre reichte. Leider wurde der Katalog zur Ausstellung nie produziert. Zur Ausstellung „Thatha Camera, the pursuit of reality" (Bulawayo National Gallery of Zimbabwe – 1999/2000), einer Kollektion von Township Fotos und Portraits aus Bulawayo bis zum Jahr 1980 (kuratiert von der mittlerweile verstorbenen Yvonne Vera) erschien ein Katalog, der aber leider nicht mehr erhältlich ist.

PREFACE

Turn to page 68-69. There you will see a sitting man. In the background is a postmodern building which is an important landmark in Harare.

Our journeys through the city give us a fleeting image of the objects that pass across our field of vision. We form a simplistic representation which leaves no place for the question of why, how and who. The question of this man's identity, for example. Our attempt to explain why his feet and clothes are dirty merely elicits a series of stereotypes.

By contrast, this photo, like so many others by Dondo, pays homage to the layers of time, the sequences of actions, the movements around the city and the jostlings of reality whose traces are left in this man's worn-out clothes and mottled skin. It reveals his interaction with the world.

And his interaction with the world seems to be grandiose. He is a giant. Look at how he is leaning against a building – backing onto it, in fact. Size is on his side. He is the landmark – not the building, or the millions of cubic metres of conditioned air that it contains, or the thousands of emails that are written there, or the immensity of the sky reflected in its windows. Humans alone are at the centre of this photography book. There is not a single image among the hundred or so that it contains in which humans are not present: families, groups, crowds or individuals.

Actually, there is one. And that is: well, you will see...

FRÉDÉRIC JACQUEMIN

VOORWOORD

Ga naar pagina 68-69. Daar ziet u een man die neerzit, met op de achtergrond een postmodern gebouw dat een belangrijk oriëntatiepunt is in Harare.

Onze trajecten door de stad geven u een vluchtig beeld van wat ons gezichtsveld doorkruist. Wij maken ons een voorstelling zonder reliëf, die geen ruimte laat voor het waarom, het hoe en het wie. De vraag naar de identiteit van die man bijvoorbeeld. Onze poging om uit te leggen welke reden er is voor zijn vuile handen en kleren, strandt in een aaneenschakeling van stereotypen.

Deze foto daarentegen, net als ontelbare andere bij Dondo, verheerlijkt de lagen van de tijd, de opeenvolgende handelingen, de verplaatsingen in de stad, de wrijvingen met de realiteit, waarvan de versleten kleren en de gemarmerde huid van die man de sporen dragen. De foto toont hoe hij met de wereld omgaat.

En blijkbaar is het een grootse omgang met de wereld. Hij is een reus. Kijk maar: hij leunt met zijn rug tegen een torenflat. De grootsheid staat aan zijn kant. Hij is het oriëntatiepunt. Niet het gebouw, noch de miljoenen kubieke meter voorbehandelde lucht die het bevat, de duizenden e-mails die er geschreven worden of de immens uitgestrekte hemel die door zijn ruiten weerspiegeld wordt. In dit fotoboek staat alleen de mens in het middelpunt. Van de zowat honderd foto's die hier getoond worden, is er niet één waarop de mens ontbreekt: gezinnen, groepen, massa's, individuen.

Of toch, één enkele. En dan nog,... enfin u ziet het wel.

FRÉDÉRIC JACQUEMIN

PRÉFACE

Allez à la page 68-69. Vous y verrez un homme assis. En arrière plan, un immeuble postmoderne, un point de repère important de Harare.

Nos trajets en ville nous donnent une image fugace de ce qui traverse notre champ de vision. Nous nous formons une représentation sans relief qui ne laisse pas de place à la question du pourquoi, du comment, du qui. Celle de l'identité de cet homme par exemple. La raison de ses pieds et de ses vêtements sales ne trouve qu'une succession de stéréotypes en guise de réponse.

À l'opposé, cette photo, comme tant d'autres chez Dondo, magnifie les couches du temps, les enchaînements d'actions, les déplacements dans la ville, les frottements avec le réel dont les vêtements usagés et la peau marbrée de cet homme portent les traces. Elle révèle son usage du monde.

Et l'usage qu'il fait du monde semble grand. C'est un géant. Regardez : il s'adosse à un building. La grandeur, elle est de son côté. C'est lui, le point de repère. Pas le bâtiment, ni les millions de mètres cubes d'air conditionné qu'il enferme, ni les milliers de courriels qui y sont rédigés, ni l'immensité du ciel reflété par ses vitres. Il n'y a que l'homme au centre de ce livre de photo. Pas une seule image, parmi la centaine présentée, sans que l'homme y soit présent : familles, groupements, masses, individus.

En fait si, une seule. Et encore... enfin vous verrez.

FRÉDÉRIC JACQUEMIN

VORWORT

Schlagen Sie die Seite 68-69 auf. Dort sehen Sie einen Mann, der vor einem im Hintergrund befindlichen, postmodernen Gebäude sitzt, das für Harare ein wichtiges Wahrzeichen darstellt.

Wenn wir uns durch die Stadt bewegen, erhalten wir nur flüchtige Eindrücke von dem, was unser Gesichtsfeld kreuzt. Wir formen daraus ein vereinfachtes Abbild, in dem für Fragen des „warum", des „wie" und des „wer" kein Raum ist. Zum Beispiel für die Frage nach der Identität dieses Mannes. Wenn wir versuchen, zu erklären, warum seine Füße und Kleider schmutzig sind, dann entsteht lediglich ein Reigen stereotyper Aussagen.

Im Gegensatz dazu stellt dieses Foto, wie so viele von Dondos Bildern, eine Hommage an die verschiedenen Zeitebenen, die Abfolge von Handlungen, die Bewegungen durch die Stadt und die vielfältigen, ge- und erlebten Momente dar, deren Spuren in den abgetragenen Kleidern und der mit Staub bedeckten Haut des Mannes zurückbleiben. Das Bild zeigt die Interaktion des Mannes mit der Welt.

Und diese Interaktion scheint gewaltig zu sein. Der Mann ist ein Riese. Schauen Sie nur, wie er sich gegen – oder besser : in – das Gebäude lehnt. Er ist es, der wahre Größe besitzt. Er ist das eigentliche Wahrzeichen – nicht das Gebäude oder die darin enthaltenen Millionen Kubikmeter klimatisierter Luft, oder die unzähligen Emails, die dort geschrieben werden oder der unendlich weite Himmel, der sich in den Fenstern spiegelt. In diesem Buch steht der Mensch – und nur der Mensch – im Mittelpunkt. Unter den vielen in diesem Buch enthaltenen Bildern, gibt es keines, auf dem keine Menschen als Familie, Gruppe, Menschenmenge oder eben als Individuum zu sehen sind.

Oder doch ? Ein solches Bild gibt es tatsächlich. Und das ist... nun, sehen Sie selbst...

FRÉDÉRIC JACQUEMIN

The notion of photography is long established in Zimbabwe and its position has shifted over the years from the early images created upon the arrival of the traveler and the settler communities to the current growth of art photography in the country with its burgeoning of skills, exposure and appreciation of medium. The imagery has moved beyond the confines that were initially racially bound to embrace a narrative that has come full circle and tells all manner of stories drawn from both local and global sources.

The National Archives hold a wealth of early photographic material tabulating the history of the country largely from the point of view of the early travelers, explorers and settlers beginning over a hundred years ago. The relationship between the settler and the natives is well documented in series of images whose format reflects the vicissitudes of the photographic quality of the time, while revealing the relations of servitude and ethnographic curiosity engendered by these early encounters. Gradually over the years the young urban Africans came to learn the art of photography and even before national Independence African photographic skills were developed and harnessed particularly in publications that sought to present the life of the Africans for news and entertainment purposes.

Already during the fifties African photographers had set up their studios in their local communities such as early photographer Bester Kanyama, Muronda in Mbare township as well as Lucky Chuma in Bulawayo. By the sixties, the establishment of African photography gained ground especially in the field of photojournalism. In the same vain several white and coloured photographers had also sharpened their skills and some established local studios in the cities such as the studios of George and Ilo the Pirate to which the population was able to secure official photographs for various purposes in addition to the family portrait so popularly desired by all communities.

By the seventies local photographers were able to undergo formal training and some engaged in employment in various spheres such as campus photographers and institutional photographers, photojournalists for various local and regional publications as well as the street photographers which was by far the biggest number of photographers who positioned themselves at scenic and popular leisure spots to persuade revelers to have their special moments captured forever.

Fotografie is al sinds lang een begrip in Zimbabwe. Door de jaren heen is het zwaartepunt echter verschoven van de vroege foto's die reizigers en kolonisten bij hun aankomst maakten naar kunstfotografie in een land dat bruist van talent en waar dit medium op veel aandacht en waardering kan rekenen. Het beeldmateriaal overstijgt ondertussen de grenzen die aanvankelijk raciaal bepaald waren en is teruggekeerd naar de essentie, waarbij allerlei verhalen worden verteld die zowel lokaal als mondiaal van oorsprong zijn.

De Nationale Archieven bevatten een schat aan vroeg fotografisch materiaal dat de geschiedenis van het land overwegend schetst vanuit het standpunt van de vroege toeristen, ontdekkingsreizigers en kolonisten, meer dan honderd jaar geleden. De relatie tussen de kolonisten en de inheemse bewoners is goed gedocumenteerd in fotoreeksen waarvan het formaat de wisselvalligheden van de fotografische kwaliteit uit die tijd weerspiegelt, maar tegelijk ook de onderworpenheid en de etnografische nieuwsgierigheid die door deze vroege ontmoetingen werden teweeggebracht. In de loop der jaren leerden de jonge stedelijke Afrikanen geleidelijk de kunst van de fotografie kennen en zelfs nog vóór de onafhankelijkheid van het land was het fotografische talent van de Afrikanen goed ontwikkeld en kwam het vooral aan bod in publicaties waarin het leven van de Afrikanen als nieuws of amusement werd voorgesteld.

In de jaren vijftig hadden Afrikaanse fotografen al hun eigen studio's opgericht in hun lokale gemeenschappen, onder andere de fotograaf van het eerste uur Bester Kanyama, Muronda in de township Mbare en Lucky Chuma in Bulawayo. Tegen de jaren zestig had het establishment van de Afrikaanse fotografie vaste voet aan de grond gekregen, voornamelijk op het domein van de fotojournalistiek. In dezelfde geest hadden diverse zowel blanke als niet-blanke fotografen ook hun vakkundigheid verfijnd en een aantal onder hen, onder andere George en Ilo the Pirate, hadden lokale studio's opgericht in de steden, waar de bevolking officiële foto's kon laten maken voor verschillende doeleinden, maar ook familieportretten die bij alle gemeenschappen bijzonder populair waren.

Tegen de jaren zeventig konden lokale fotografen een formele opleiding volgen. Sommigen maakten van de fotografie hun beroep en gingen aan de slag als campus- of institutionele fotografen, als fotojournalisten voor diverse lokale of regionale kranten en tijdschriften of als straatfotografen, die verreweg de grootste groep vormden en zich op schilderachtige en populaire recreatieplekken opstelden om de vakantiegangers ervan te overtuigen hun speciale momenten op foto te vereeuwigen.

La notion de photographie existe de longue date au Zimbabwe et elle s'est transformée au fil des ans, passant des premières images prises lors de l'arrivée des communautés de voyageurs et d'immigrants, à l'essor actuel de la photographie artistique, qui compte de plus en plus de talents reconnus, et rencontre un public local réellement intéressé par ce moyen d'expression. Les images proposées aujourd'hui par les photographes zimbabwéens ont dépassé l'illustration de récits anecdotiques ou raciaux et vont à l'essentiel d'un travail créatif universel sans perdre la richesse de leur inspiration locale.

Les Archives nationales possèdent de nombreux clichés et matériels photographiques qui retracent largement l'histoire du pays depuis plus d'un siècle. Un patrimoine qui propose à la fois les points de vue des voyageurs, des explorateurs et des premiers immigrants. On y retrouve souvent l'illustration de relations difficiles nouées par les immigrants et les autochtones, entre servitude et curiosité ethnographique. Mais, au fil du temps, de jeunes Africains urbains ont aussi appris à maîtriser l'art de la photographie et, déjà avant l'indépendance, certains d'entre eux ont été mis à l'honneur dans des publications visant à présenter la vie quotidienne, l'actualité et les divertissements du pays.

Dans les années 1950, plusieurs photographes avaient installé leur studio au sein de leur communauté, comme Bester Kanyama, l'un des pionniers de la photographie, Muronda dans le township de Mbare ou Lucky Chuma à Bulawayo. Dès 1960, l'impact de la photographie africaine s'intensifie, en particulier dans le secteur du photojournalisme. Des studios locaux créés à la fois par des photographes blancs et de couleur ont également vu le jour comme les studios George et Ilo the Pirate. La population s'y déplaçait pour effectuer des photographies officielles à diverses fins, outre les portraits de famille si populaires dans toutes les communautés.

Plus tard, dans les années 1970, les photographes locaux ont pu suivre des formations de haut niveau, les plus doués ont ainsi trouvé du travail, devenant photographes de campus, photographes institutionnels, photoreporters pour différentes publications locales et régionales ou plus simplement photographes de rue. Beaucoup d'entre eux se tenaient près des sites touristiques où ils tentaient de persuader les vacanciers d'immortaliser les moments inoubliables qu'ils vivaient. Ces clichés offraient aux voyageurs quelques souvenirs émouvants et demeurent les premiers témoignages d'une expression de fierté et de confiance entre les peuples.

Fotografie gibt es in Simbabwe schon lange, jedoch hat sich ihre Position im Laufe der Jahre gewandelt: Während die ersten Bilder mit der Ankunft von Reisenden und Siedlern entstanden, hat sich die Fotografie mittlerweile auch als Kunstform etabliert, die zunehmend professioneller und sichtbarer wird und zu einer wachsenden Popularität des Mediums geführt hat. Die Bildinhalte haben sich von ihren ursprünglich eng gefassten, rassistisch geprägten Perspektiven gelöst und zeigen nun eine umfassende Vielfalt sowohl lokal als auch global konnotierter Geschichte und Geschichten.

Im Nationalarchiv befindet sich eine große Sammlung früher Fotografien, die die Geschichte des Landes hauptsächlich aus der Perspektive der Abenteurer, der Forschungsreisenden und Siedler erzählen, die vor über 100 Jahren zum ersten Mal in dieses Land kamen. Die Beziehung zwischen den Siedlern und der einheimischen Bevölkerung ist gut dokumentiert in Bildserien, die die unbeständige Qualität der damaligen Fototechnik veranschaulichen und die gleichzeitig das in diesen frühen Begegnungen entstandene Beziehungsgeflecht von Knechtschaft und ethnografischer Neugierde erahnen lassen. Im Laufe der Jahre hat die in den Städten lebende afrikanische Jugend gelernt, mit Fotografie umzugehen. Bereits vor der Unabhängigkeit wurden fotografische Fertigkeiten entwickelt und verfeinert und kamen insbesondere in Nachrichten- oder Unterhaltungspublikationen zum Einsatz, die das Leben der afrikanischen Bevölkerung darstellten.

Bereits während der 1950er Jahre hatten afrikanische Fotografen wie Bester Kanyama, Muronda im Township Mbare und Lucky Chuma in Bulawayo in ihren jeweiligen Stadtvierteln Studios eingerichtet. Zu Beginn der sechziger Jahre konnte sich die afrikanische Fotografie insbesondere im Bereich des Fotojournalismus weiter etablieren. Etliche weiße und farbige Fotografen hatten ebenfalls ihr handwerkliches Können verfeinert und einige von ihnen, wie zum Beispiel George und Ilo the Pirate, eröffneten in den Städten eigene Studios. Hier konnte man außer dem allseits beliebten Familienportrait Fotografien zu allen möglichen offiziellen Anlässen beauftragen.

In den siebziger Jahren wurde es für angehende Fotografen möglich, eine offizielle Ausbildung zu absolvieren und anschließend zum Beispiel als Hausfotograf für verschiedene Institutionen, als Fotojournalist für lokale und regionale Zeitungen oder als Straßenfotograf zu arbeiten. Für die meisten kam letzteres infrage: sie hielten sich vorwiegend an beliebten Ausflugszielen auf, wo sie den Besuchern anboten, diese besonderen Momente fotografisch festzuhalten.

Hence the medium was widely embraced as an emotional keep safe, a token of exchange and an expression of pride and confidence. Photography became particularly important in the years of the struggle reminding loved ones of their families and origins as many left the country and sought exile in countries outside. Images of the early nationalists, liberation fighters, and their way of life and encounters all served to provide a generation with a narrative that has come to speak about the identity and history of the life of the nation.

Independence brought fresh work for the photographers as some were assigned to capture the emerging leadership and the building of a new nation. Established photographers were drafted into the Ministry of Information and attached to various publications, newspapers as well as the offices of the new leadership proudly documenting all manner of development such as the building of schools, hospitals, infrastructure and generally all the heroic acts required to turn the weapons into ploughshares in order to build a nation. Developing alongside the improved documentary genre has grown the deployment of the camera for aesthetic and social purposes.

One of the first displays of contemporary Zimbabwean photography was staged by a partnership involving Chaz Maviyane Davies and Alexander Joe using graphic and photographic image during the early eighties and, in the late nineties, the National Gallery of Zimbabwe hosted a photographic display of leading photographers of the day jointly put together by David Brazier and Calvin Dondo. By 2000 the *Gwanza* photographic project created by Calvin Dondo was born and the participants were mainly the African photographers that finally felt the confidence to present their world in a manner that avoided the pathos and probing so largely the preoccupation of authors from other races. *Gwanza* was able to give a voice to all manner of African photographer, raise the bar of the medium and reveal the distinction between snapshots and images making with social, political and serial intent. Dondo, through his extensive networks has been able to present the work of international and African photographers and they have rendered this platform even more poignant. It has now become established practice that Zimbabwean photographers regular participate in the Bamako Biennale as well as other significant photographic exhibitions of contemporary African photography worldwide.

Over the years this work of the Zimbabwean African photographer has come to the fore as it has been the vehicle that has explored the identity and realities of the evolving nation and is received largely as a reflection of the new reality. The contemporary African

Het medium werd door de grote massa geapprecieerd als emotioneel aandenken, als herinnering die onder elkaar werd uitgewisseld of als uitdrukking van fierheid en vertrouwen. Fotografie werd bijzonder belangrijk in de jaren van de onafhankelijkheidsstrijd en herinnerde mensen aan hun geliefden, hun familie en hun herkomst aangezien velen het land verlieten en in het buitenland in ballingschap gingen. Foto's van de nationalisten en vrijheidsstrijders van het eerste uur en van hun manier van leven en hun ontmoetingen vormden voor een hele generatie van mensen een verhaal dat de identiteit en de geschiedenis van het leven van de natie schetste.

De onafhankelijkheid bracht nieuw werk met zich mee voor de fotografen. Sommigen werden aangewezen om de opkomende leiders en de opbouw van een nieuwe natie op foto vast te leggen. Gevestigde fotografen werden door het Ministerie van Informatie opgeroepen om mee te werken aan diverse publicaties, kranten en diensten van de nieuwe machthebbers en allerlei ontwikkelingen, als de bouw van scholen en ziekenhuizen en de uitvoering van infrastructuurwerken te documenteren of foto's te maken van alle heldhaftige daden die noodzakelijk waren om de wapens om te smeden tot ploegen en de natie op te bouwen. Naast de verbetering van het documentaire genre werd de fotocamera ook steeds vaker voor esthetische en sociale doeleinden gebruikt.

Een van de eerste tentoonstellingen van de hedendaagse Zimbabwaanse fotografie werd ingericht dankzij een partnerschap tussen Chaz Maviyane Davies en Alexander Joe en toonde grafische afbeeldingen en foto's uit de vroege jaren tachtig. In de late jaren negentig van de vorige eeuw organiseerde de National Gallery of Zimbabwe een fototentoonstelling met werk van vooraanstaande fotografen van dat ogenblik, samengesteld door David Brazier en Calvin Dondo. In het jaar 2000 zag het fotografische project *Gwanza*, een initiatief van Calvin Dondo, het daglicht. De deelnemers waren voornamelijk Afrikaanse fotografen die eindelijk genoeg zelfvertrouwen hadden om hun wereld aan het publiek voor te stellen zonder de pathos en de pogingen om een vreemde cultuur te doorgronden die zo kenmerkend waren voor de buitenlandse fotografen. *Gwanza* kon een stem geven aan allerlei Afrikaanse fotografen, de lat van het medium hoger leggen en het onderscheid duidelijk maken tussen snapshots en foto's met een sociale, politieke en artistieke bedoeling. Door zijn contacten met uitgebreide netwerken was Dondo erin geslaagd om het werk van internationale en Afrikaanse fotografen te tonen waardoor dit platform een nog grotere aantrekkingskracht uitoefende.

Durant les années de lutte pour l'indépendance, la photographie s'est révélée importante en permettant aux familles de se remémorer leurs origines et l'image de ceux qui avaient quitté le pays pour se réfugier à l'étranger. Les portraits des premiers nationalistes, ceux des combattants de la libération, leurs attitudes, leur mode de vie ont ainsi fourni à une génération de Zimbabwéens, un récit documenté pour raconter l'identité et l'histoire de leur nation.

L'indépendance a apporté un surcroît de travail aux photographes. Certains ont été chargés de fixer sur pellicule les visages des leaders émergents et les étapes de la constitution de la nouvelle nation. D'autres photographes établis ont été engagés par le Ministère de l'Information et attachés à diverses publications et journaux, ainsi que par les services administratifs des nouveaux dirigeants. Le jeune État était fier de montrer les progrès accomplis, comme la construction d'écoles, d'hôpitaux et d'autres infrastructures importantes. Les photographies permettaient de valoriser le travail mené pour remplacer les armes par des charrues et tracer le sillon de la nouvelle nation. L'utilisation de l'appareil photographique à des fins esthétiques et sociales s'est donc développée parallèlement à une amélioration de l'aspect documentaire.

Une des premières expositions de la photographie contemporaine du Zimbabwe a été montée grâce à un partenariat entre Chaz Maviyane Davies et Alexander Joe avec des images graphiques et photographiques faites au cours des années 1980. À la fin des années 1990, la Galerie nationale du Zimbabwe a accueilli une exposition d'œuvres de photographes de premier plan, réunies grâce aux photographes David Brazier et Calvin Dondo. Depuis l'an 2000, le projet *Gwanza*, créé par Calvin Dondo, rassemble essentiellement des photographes africains qui proposent un regard personnel sur le monde, tout en évitant de tomber dans le pathos ou de copier les préoccupations des artistes étrangers. *Gwanza* permet à toute une série de photographes africains de s'exprimer, de relever le niveau de la discipline et de leur faire découvrir la différence entre instantanés et images construites, avec un discours à la fois social, politique et artistique. Grâce à ses vastes réseaux, Dondo a pu présenter les travaux de photographes du Zimbabwe mais aussi de photographes étrangers, qui ont rendu cette plate-forme encore plus passionnante. Pour les photographes zimbabwéens, il est désormais courant de participer à la Biennale de Bamako, ainsi qu'à d'autres expositions importantes mettant en valeur la photographie contemporaine africaine à travers le monde.

Avec le temps, le travail de Calvin Dondo a gagné en visibilité. Il explore toujours l'identité et les réalités de la nation en plein

Fotografien waren überall als emotionale Andenken, als Tauschobjekt und als Ausdruck von Stolz und Selbstvertrauen beliebt. Die Fotografie wurde insbesondere in den Kriegsjahren zu einem bedeutsamen Medium, da sie diejenigen, die im Exil lebten, an Freunde, Familie und Heimat erinnerte. Bilder von damaligen Nationalisten und Freiheitskämpfern, von deren Begegnungen und Leben vermitteln nachfolgenden Generationen die Geschichte des Landes und seiner Identitätsfindung.

Die Unabhängigkeit brachte den Fotografen neue Arbeit, da einige von ihnen damit beauftragt wurden, die neue Führung des Landes und das Entstehen des neuen Staates fotografisch festzuhalten. Etablierte Fotografen wurden ins Informationsministerium bestellt, wo sie entweder verschiedenen Publikationen oder bestimmten Büros der neuen Führung zugeteilt wurden, um das Entstehen und die Entwicklung des neuen Staates in stolzerfüllten Bildern von Schulen, Hospitälern, Infrastruktur-Projekten und einfach allem, was für die Transformation von Schwertern zu Pflugscharen stand, festzuhalten. Neben dieser Entwicklung der Dokumentarfotografie wurde die Kamera zunehmend auch zu ästhetischen und sozialen Zwecken eingesetzt.

Als eine der ersten Ausstellungen zeitgenössischer simbabwischer Fotografie gilt die von Chaz Maviyane und Alexanda Joe in den frühen 1980er Jahren gezeigte Show, die sowohl Grafik als auch Fotografie präsentierte. In den späten 1990er Jahren zeigte die simbabwische Nationalgalerie eine von David Brazier und Calvin Dondo kuratierte Ausstellung mit Bildern führender Fotografen. Im Jahr 2000 wurde das von Calvin Dondo initiierte *Gwanza* Projekt ins Leben gerufen, an dem hauptsächlich afrikanische Fotografen beteiligt waren, die nun genügend Selbstvertrauen entwickelt hatten, um ihre Welt auf eine Weise darzustellen, die den bei Autoren aus anderen Kulturen vorherrschenden, von Pathos und Neugier dominierten Blick vermied. Das *Gwanza* Projekt wurde zum Sprachrohr für die unterschiedlichsten afrikanischen Fotografen, es hob das Niveau dieser Kunstform an und machte den Unterschied zwischen gelungenem Schnappschuss und bewusster, sozial, politisch oder seriell ausgerichteter Bildgestaltung deutlich. Aufgrund seiner exzellenten Vernetzung war Dondo in der Lage, sowohl Arbeiten von internationalen als auch von afrikanischen Fotografen zu zeigen, was dieser Plattform ein noch klareres Profil verschafft hat. Mittlerweile nehmen simbabwische Fotografen regelmäßig an der Bamako Biennale und anderen wichtigen, internationalen Ausstellungen zeitgenössischer afrikanischer Fotografie teil.

photographers have a growing sense of place in the society as their work has graced all manner of contesting publications and has been in the forefront in the depiction of difference and diversity; growth and maturity in a society alongside all its beauty, pain and complexities. The contemporary photographic platform spearheaded by Dondo has been the single most important platform for Zimbabwean photographers both past and present as it has encouraged reflection on the role of the medium in the society and directed many young people and artists to explore this medium and gain a sense of the validity of the gaze. Artists now are able to position themselves along the spectrum of photography ranging from hard core photojournalism to the realm of reflective portraiture, social realism, experimental aesthetics and increasingly thematic explorations on all manner of subject matter.

These artists are increasingly drawing on the historical paradigms of local photography and have been able to position themselves to capture the dramatic changes that have occurred in the country over the last thirty years. Several are now striving to introduce elements from the global evolution of photography and its multiplicity of possibilities to reverse the former colonial gaze and preoccupation with the 'other' to explore fresh options of identity and family, belonging and difference all of which reveal the myriad of layers that the seemingly simple image can probe. The person and work of Calvin Dondo have opened the door for this and it is increasingly clear that the next generation of artists will be able to explore such issues in more depth as time goes by.

DOREEN SIBANDA

Executive Director, National Gallery of Zimbabwe

Inmiddels nemen Zimbabwaanse fotografen regelmatig deel aan de Biënnale van Bamako en aan andere beduidende fototentoonstellingen van hedendaagse Afrikaanse fotografie overal ter wereld.

Door de jaren heen is het werk van Zimbabwaanse fotografen steeds sterker op de voorgrond getreden aangezien dit medium de identiteit en de realiteiten van een natie in volle ontwikkeling heeft verkend en op grote schaal als een weerspiegeling van de nieuwe werkelijkheid wordt aanvaard. De hedendaagse Afrikaanse fotografen hebben een steeds groter gevoel van toebehoren in de maatschappij ontwikkeld aangezien hun werk in allerhande, uiteenlopende publicaties is verschenen en op de voorgrond trad om verschil en verscheidenheid, groei en maturiteit af te beelden in een maatschappij die niet alleen wordt gekenmerkt door zijn schoonheid maar ook door heel veel pijn en complexe situaties. Het hedendaagse fotografische platform dat onder leiding van Dondo werd uitgebouwd, is de basis bij uitstek waar Zimbabwaanse fotografen van vroeger en nu op teruggrijpen omdat het de aanzet heeft gevormd om over de rol van dit medium in de samenleving na te denken en vele jongeren en kunstenaars ertoe heeft gebracht om de fotografie te verkennen en de blik die in een foto wordt vastgelegd naar waarde te schatten. Kunstenaars kunnen zich nu positioneren langsheen het hele spectrum van de fotografie, gaande van rauwe journalistiek over bespiegelende portretten, sociaal realisme en experimentele esthetische oefeningen tot steeds uitgesprokener thematische verkenningen over allerhande onderwerpen.

Zimbabwaanse kunstenaars laten zich alsmaar vaker inspireren door de historische paradigmata van de lokale fotografie en hebben een plaats kunnen verwerven die hen in staat stelt om de spectaculaire veranderingen die in de afgelopen dertig jaar in het land hebben plaatsgevonden voor het nageslacht op foto vast te leggen. Een heel aantal van hen willen nu de wereldwijde evolutie die de fotografie heeft doorgemaakt en de ontelbare kansen die dit biedt, gebruiken om de vroegere koloniale blik en de vooringenomenheid tegenover de 'andere' achter zich te laten en nieuwe mogelijkheden als identiteit en familie, toebehoren en verschil te verkennen, de talloze lagen blootleggen die een op het eerste gezicht eenvoudige foto kan onthullen. De persoonlijkheid en het werk van Calvin Dondo hebben de deur hiervoor geopend en het wordt steeds duidelijker dat de volgende generatie van kunstenaars die thema's na verloop van tijd diepgaander zal kunnen verkennen.

DOREEN SIBANDA

Algemeen Directeur, National Gallery of Zimbabwe

développement et en constitue le reflet symbolique. Les photographes africains contemporains occupent une place importante au sein de la société : leurs œuvres sont mises à l'honneur dans toutes sortes de publications et sont à l'avant-garde de la description de la différence et de la réalité, du développement et de la maturité dans une société avec toute sa beauté, sa peine et ses complexités. La plate-forme photographique contemporaine, animée par Dondo, est la plus importante pour les photographes zimbabwéens parce qu'elle a encouragé la réflexion sur le rôle de ce moyen d'expression dans la société et a incité beaucoup de jeunes et d'artistes à explorer cette discipline ainsi qu'à développer leur regard. Aujourd'hui, les photographes zimbabwéens sont capables de se positionner dans tous les métiers de la filière de la photographie, du photojournalisme "hardcore" au portrait réflexif, en passant par le réalisme social, l'esthétique expérimentale et des explorations thématiques sur toutes sortes de sujets.

Les artistes zimbabwéens s'inspirent, chaque jour davantage, des paradigmes historiques de la photographie locale et tentent de saisir les changements spectaculaires dont le pays a été l'objet au cours des trente dernières années. Plusieurs d'entre eux s'efforcent d'utiliser la photographie et les multiples possibilités qu'elle offre pour modifier l'ancien regard colonial et développer les préoccupations citoyennes par rapport à l'"autre" en explorant de nouvelles options d'identité et de famille, d'appartenance et de différence. Ils révèlent ainsi toute la richesse d'idées qu'une image, apparemment simple, peut explorer. La personnalité et l'œuvre de Calvin Dondo a ouvert la voie à cette dynamique et il semble de plus en plus évident que la nouvelle génération d'artistes sera capable, au fil du temps, d'explorer ces nouveaux thèmes plus en profondeur.

DOREEN SIBANDA
Directeur exécutif, Galerie nationale du Zimbabwe

Im Laufe der Jahre ist die simbabwische Fotografie zunehmend in den Vordergrund gerückt, da sie als wesentliches Mittel der Erkundung von Identität und Realität einer neuen Nation dient und auch weitgehend als Reflektion dieser neuen Realität verstanden wird. Die zeitgenössischen afrikanischen Fotografen haben ein zunehmendes Gefühl von Verortung in der Gesellschaft entwickelt, da ihre Arbeiten in den verschiedensten Publikationen veröffentlicht werden. Arbeiten, die Unterschiede und Vielfalt, Entwicklung und Reife einer Gesellschaft in all ihrer Schönheit, ihrem Schmerz und ihrer Komplexität widerspiegeln. Diese, von Dondo geleitete Initiative ist zweifellos die wichtigste Plattform für zeitgenössische und historische simbabwische Fotografie, da sie dazu geführt hat, die gesellschaftliche Bedeutung dieses Mediums zum Thema zu machen und viele junge Menschen und Künstler dazu angeregt hat, die Möglichkeiten des Mediums zu erforschen und ein Gefühl für die Aussagekraft des fotografischen Blicks zu entwickeln. Simbabwische Fotokünstler arbeiten heute im gesamten Spektrum der Fotografie vom schonungslosen Fotojournalismus bis zum kontemplativen Portrait, von Sozialrealismus bis zu experimenteller Ästhetik und zunehmend auch im Bereich thematisch angelegter Studien und Betrachtungen.

Simbabwische Künstler berufen sich zunehmend auf historische Paradigmen lokaler Fotografie, wobei es ihnen gelungen ist, sich so zu positionieren, dass sie die dramatischen Veränderungen, denen das Land während der vergangenen dreißig Jahre unterworfen war, einfangen und festhalten konnten. Viele von ihnen versuchen nun, Aspekte des internationalen fotografischen Diskurses zu integrieren, um die koloniale Blickweise und die Beschäftigung mit dem „Anderen" in eine frische Perspektive auf Themen wie Identität und Familie, Zugehörigkeit und Verschiedenheit umzukehren. All dies zeigt, wie viele Ebenen in einem einzigen Bild angesprochen werden können. Calvin Dondo selbst und sein Werk haben in diesem Zusammenhang wichtige Weichen gestellt und es wird zunehmend deutlich, dass kommende Künstlergenerationen diese Themen noch intensiver bearbeiten werden.

DOREEN SIBANDA
Direktorin der Nationalgalerie von Simbabwe

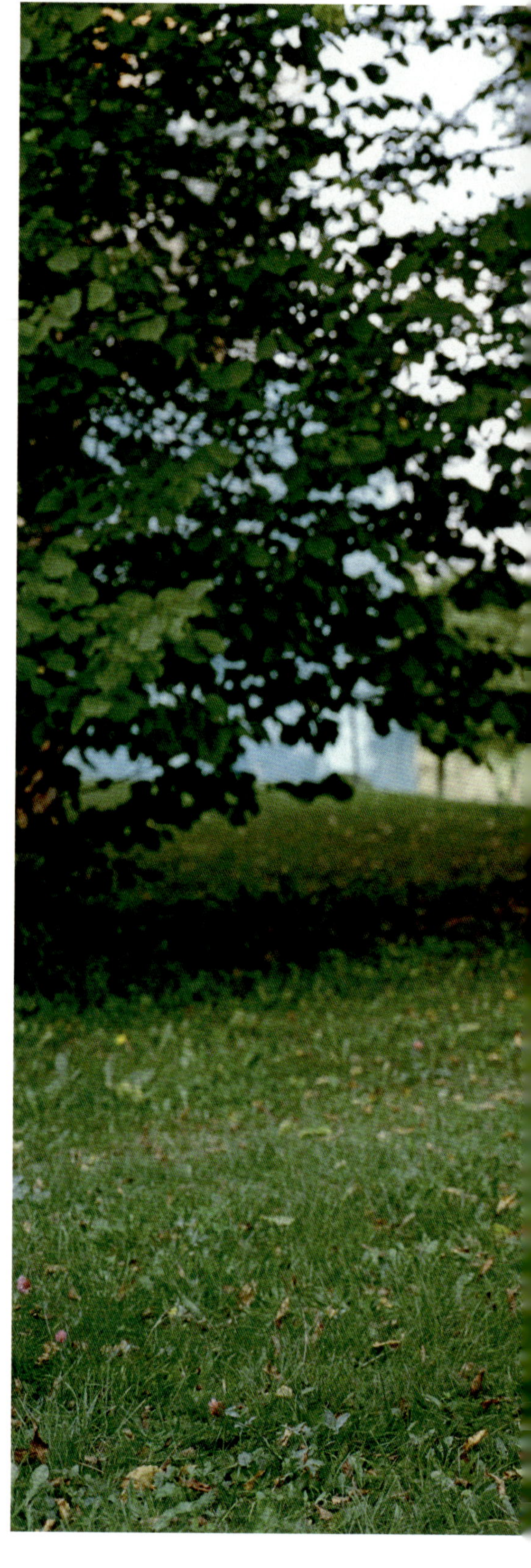

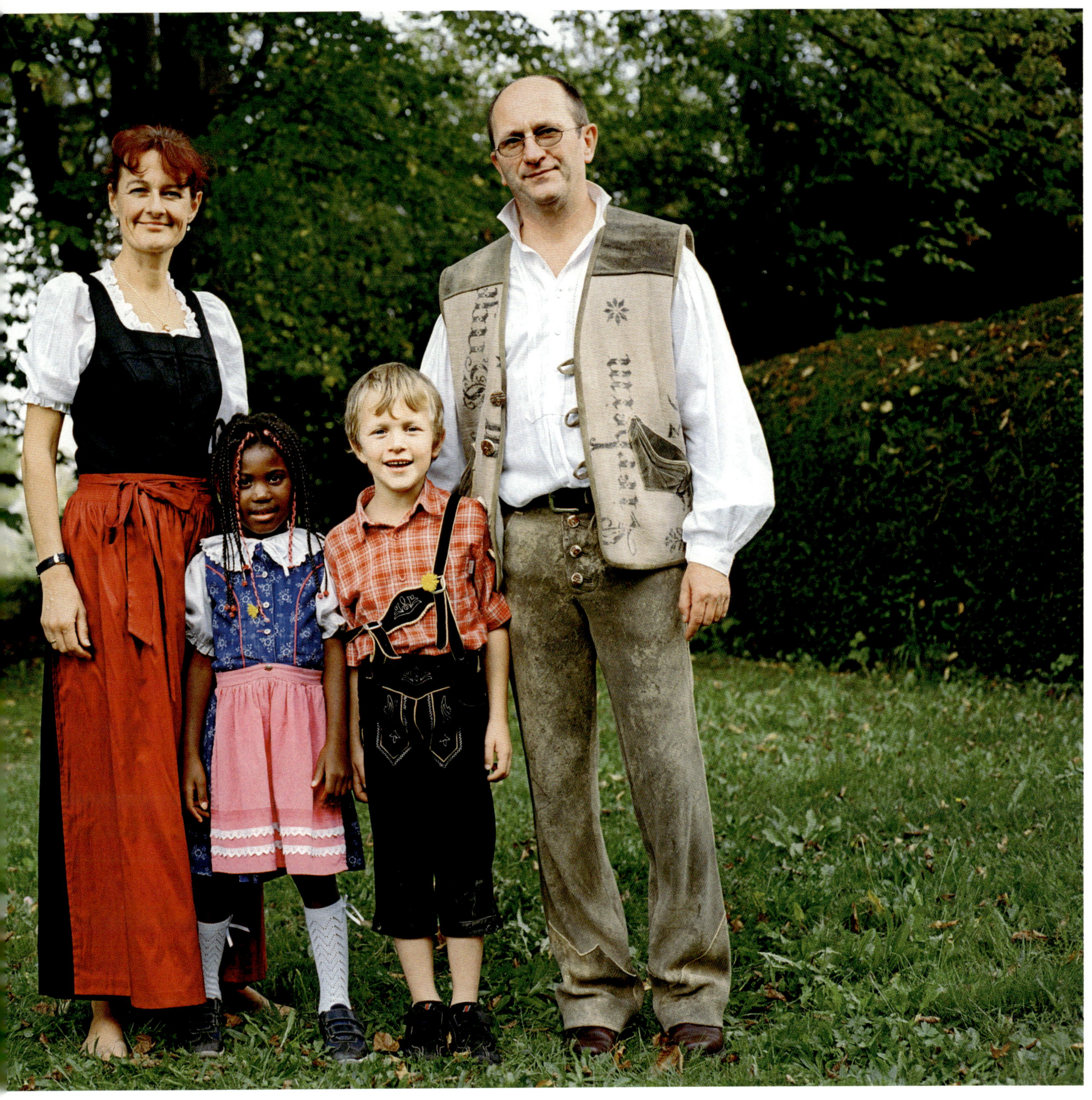

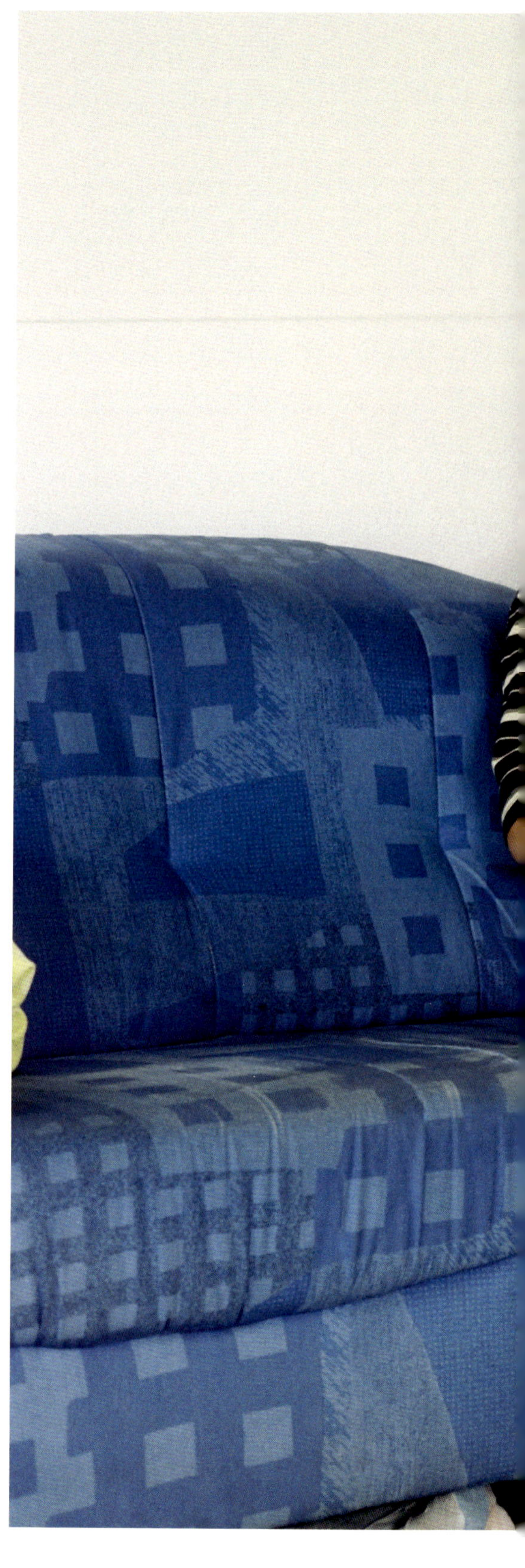

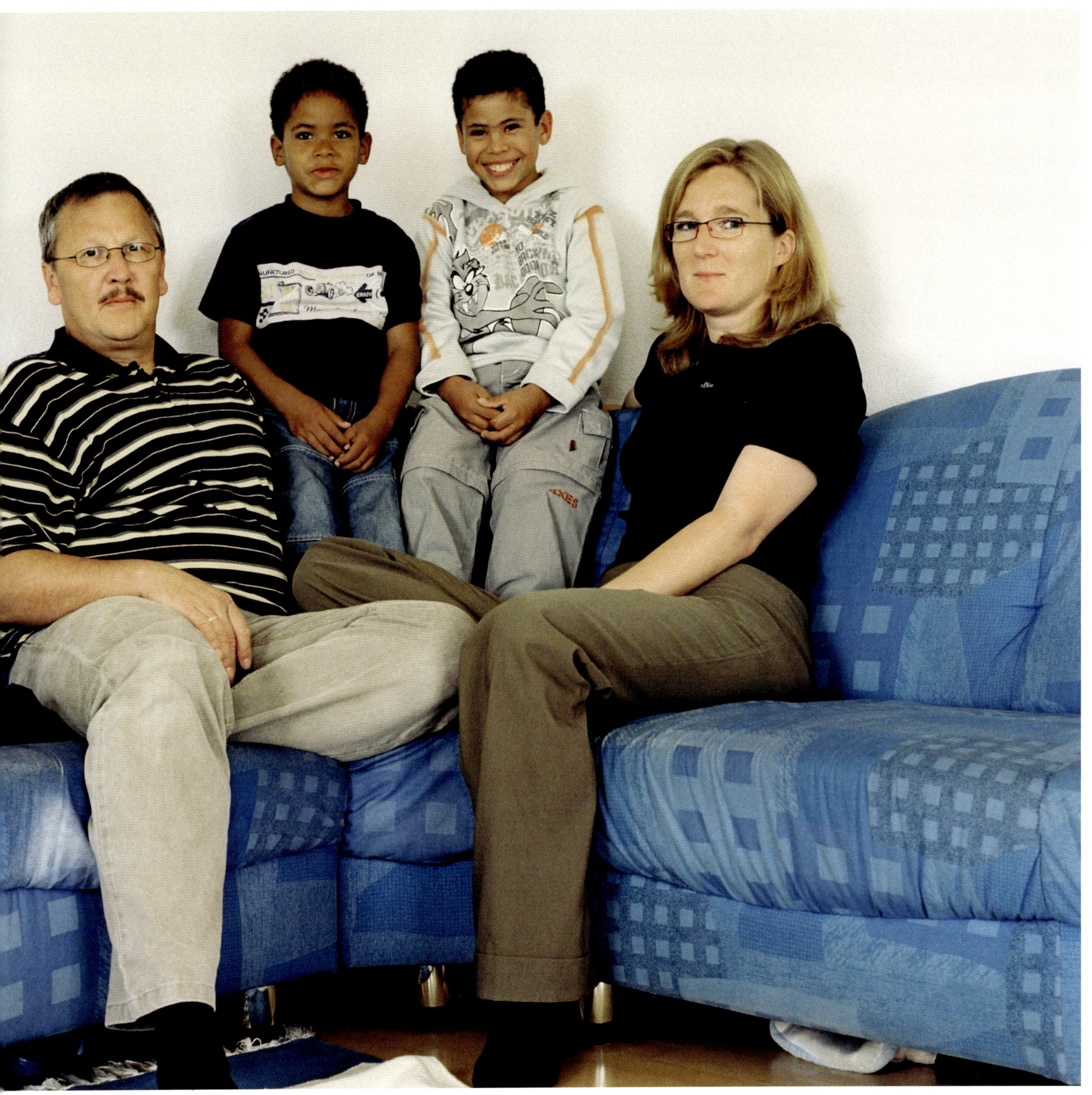

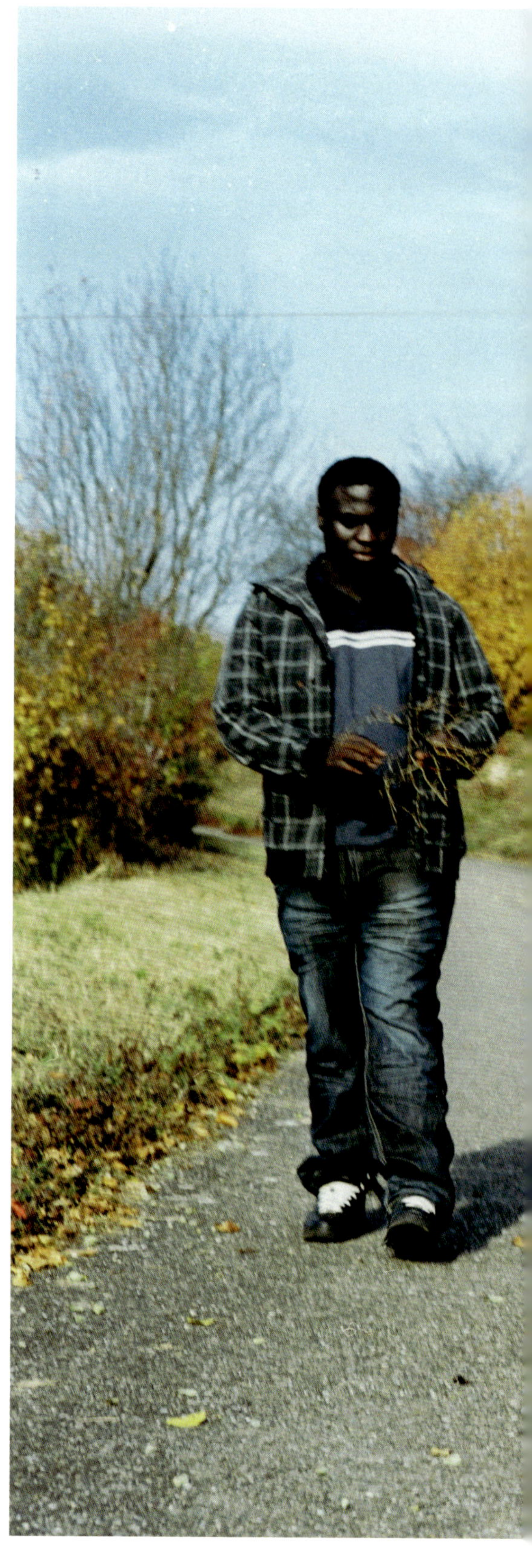

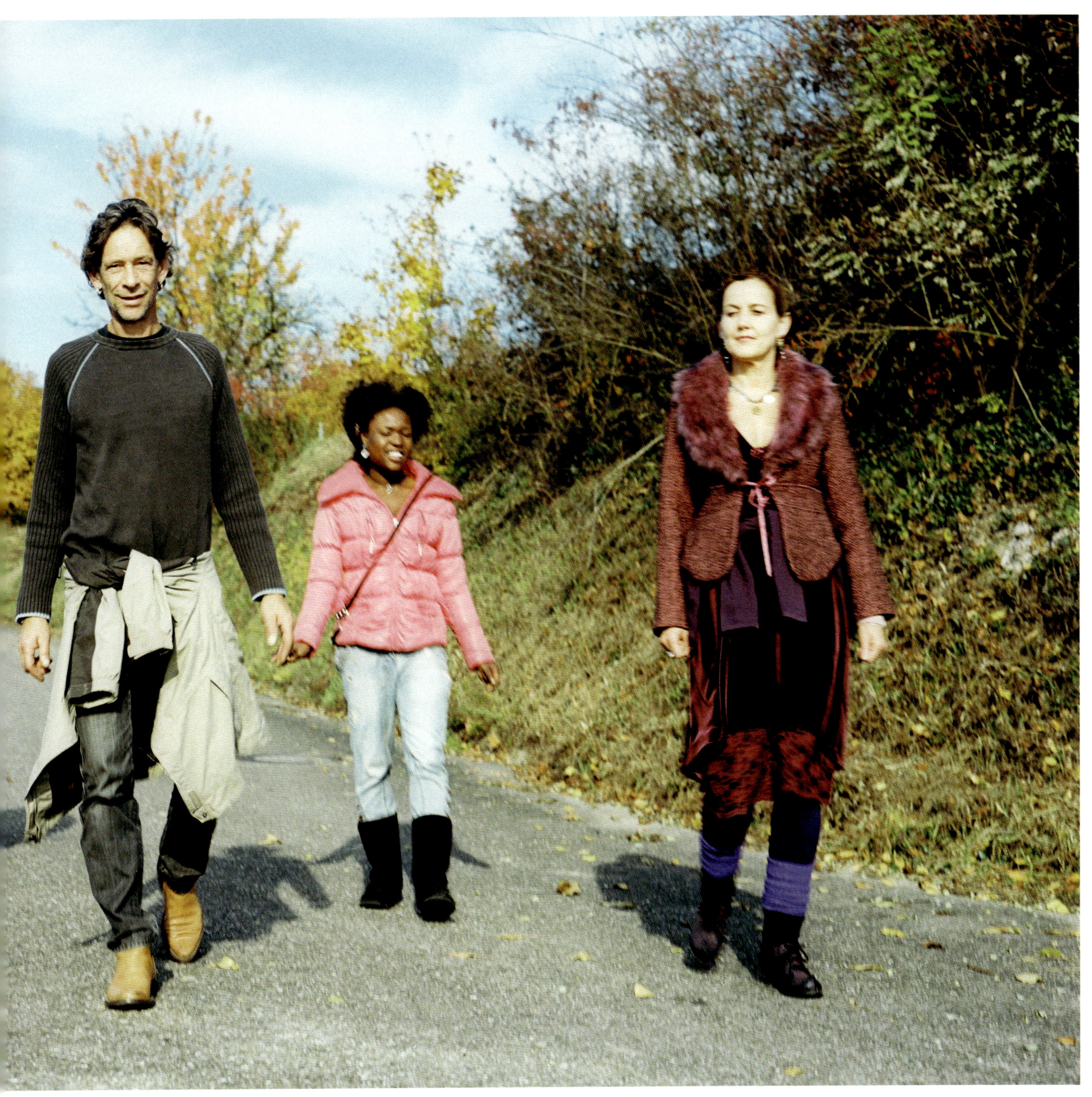

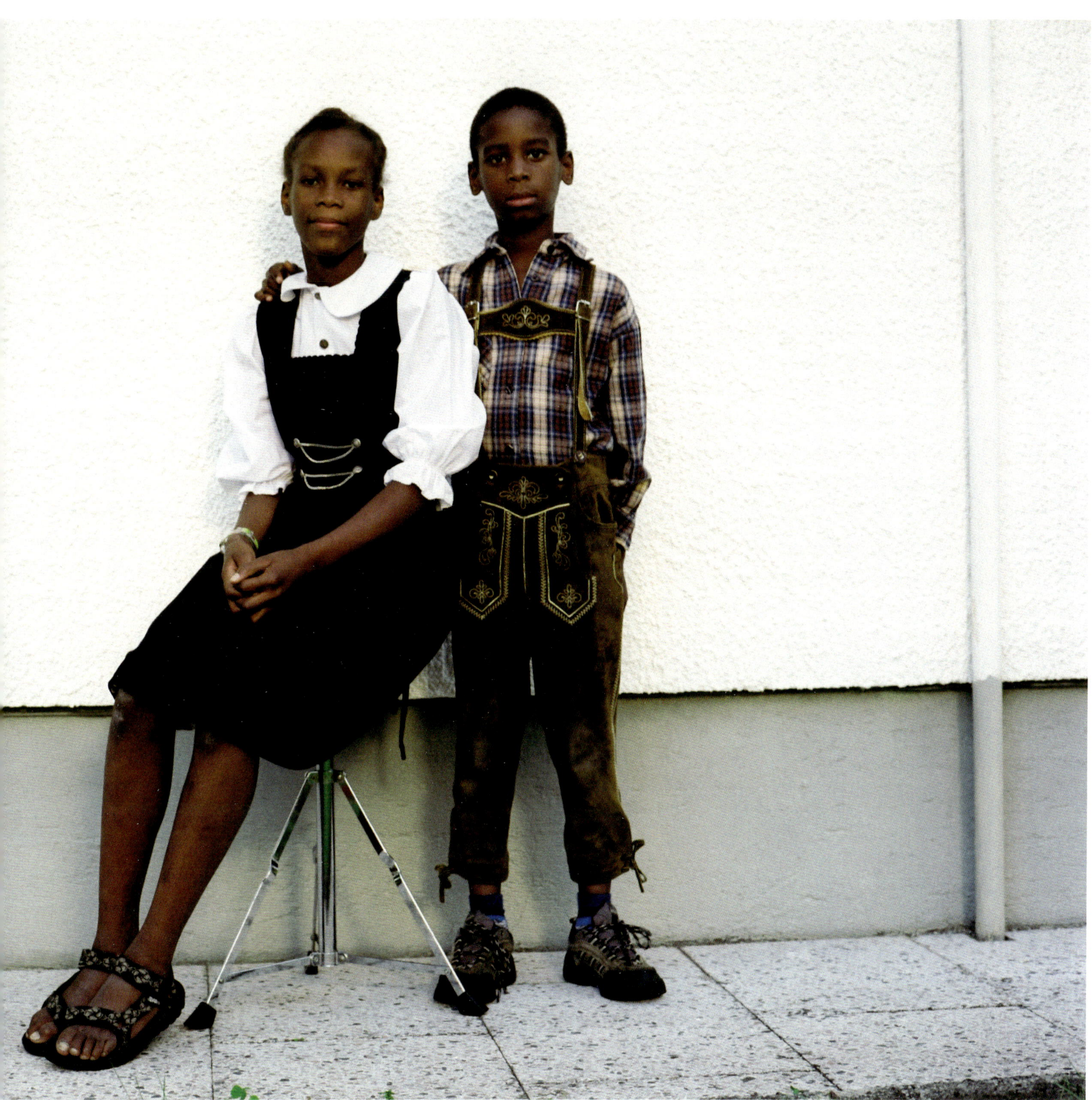

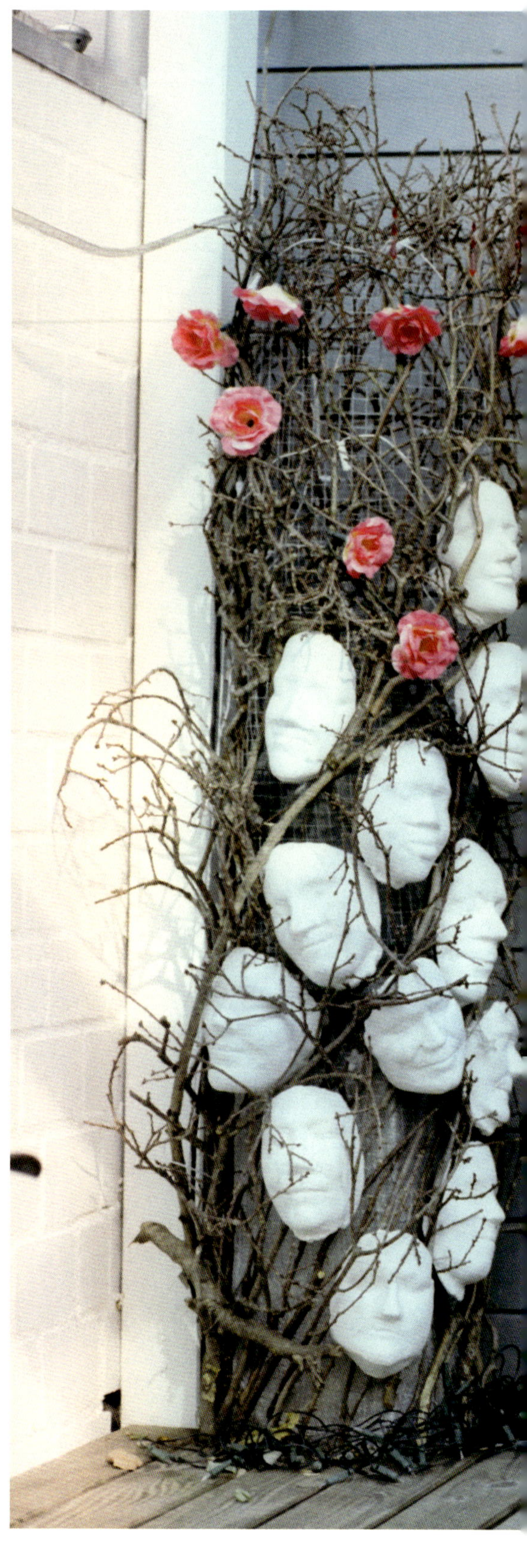

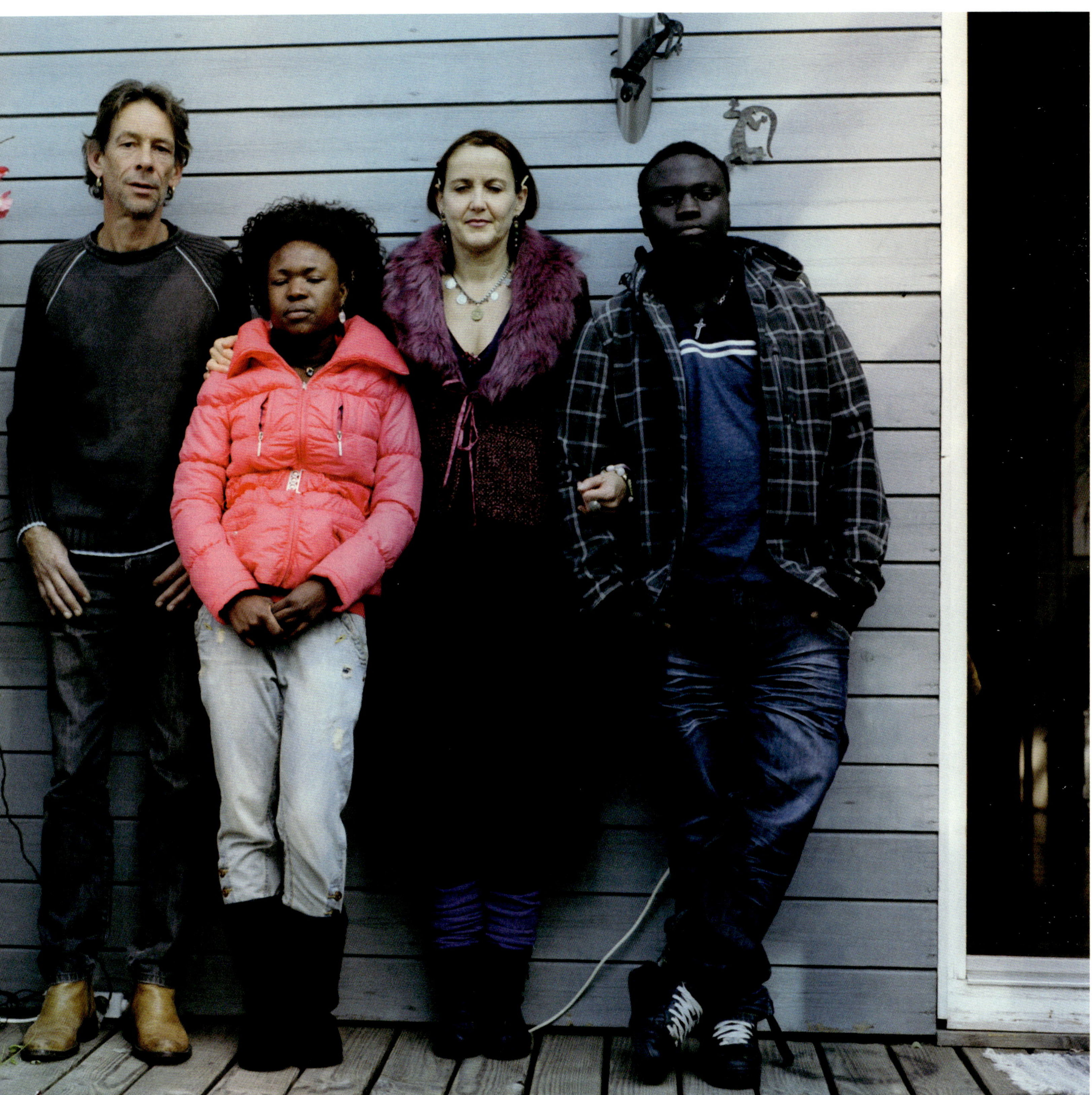

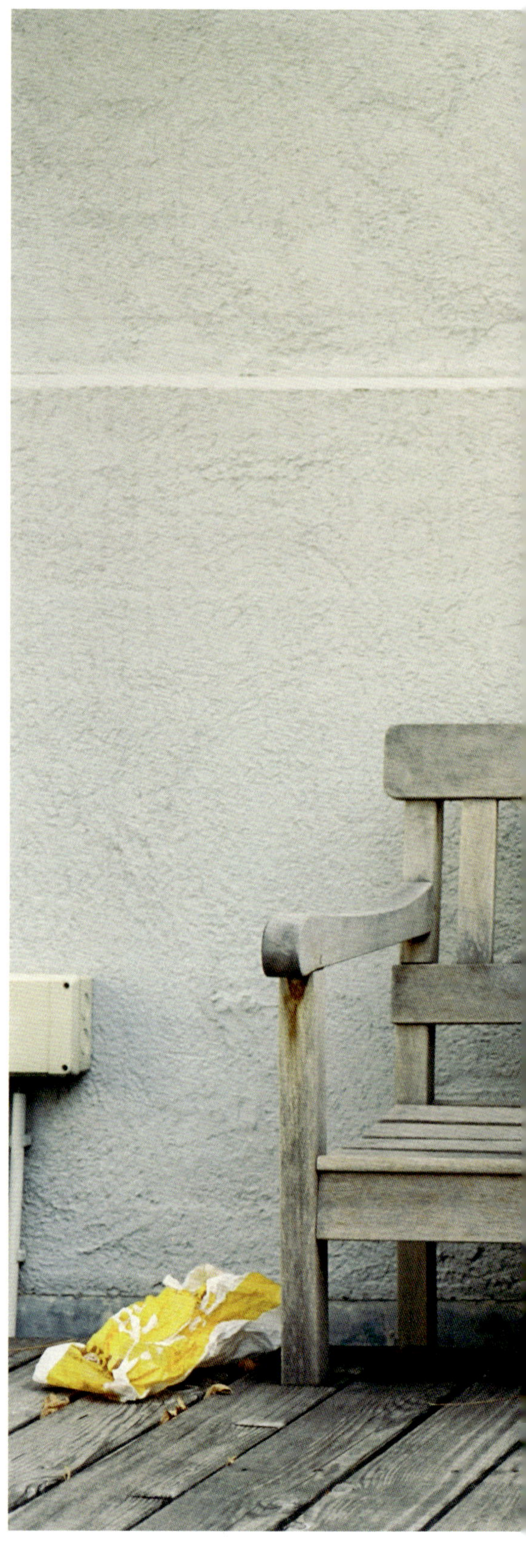

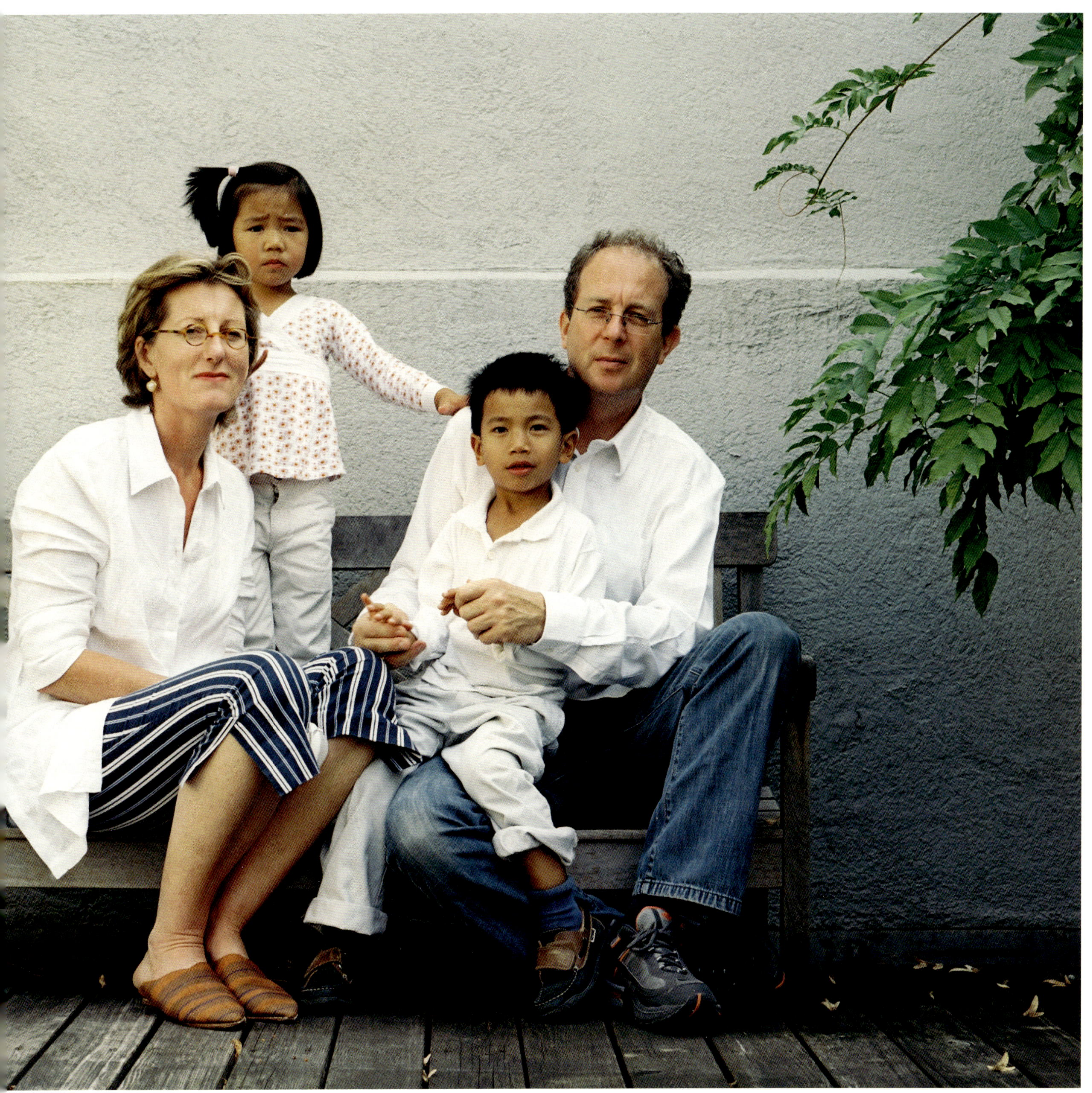

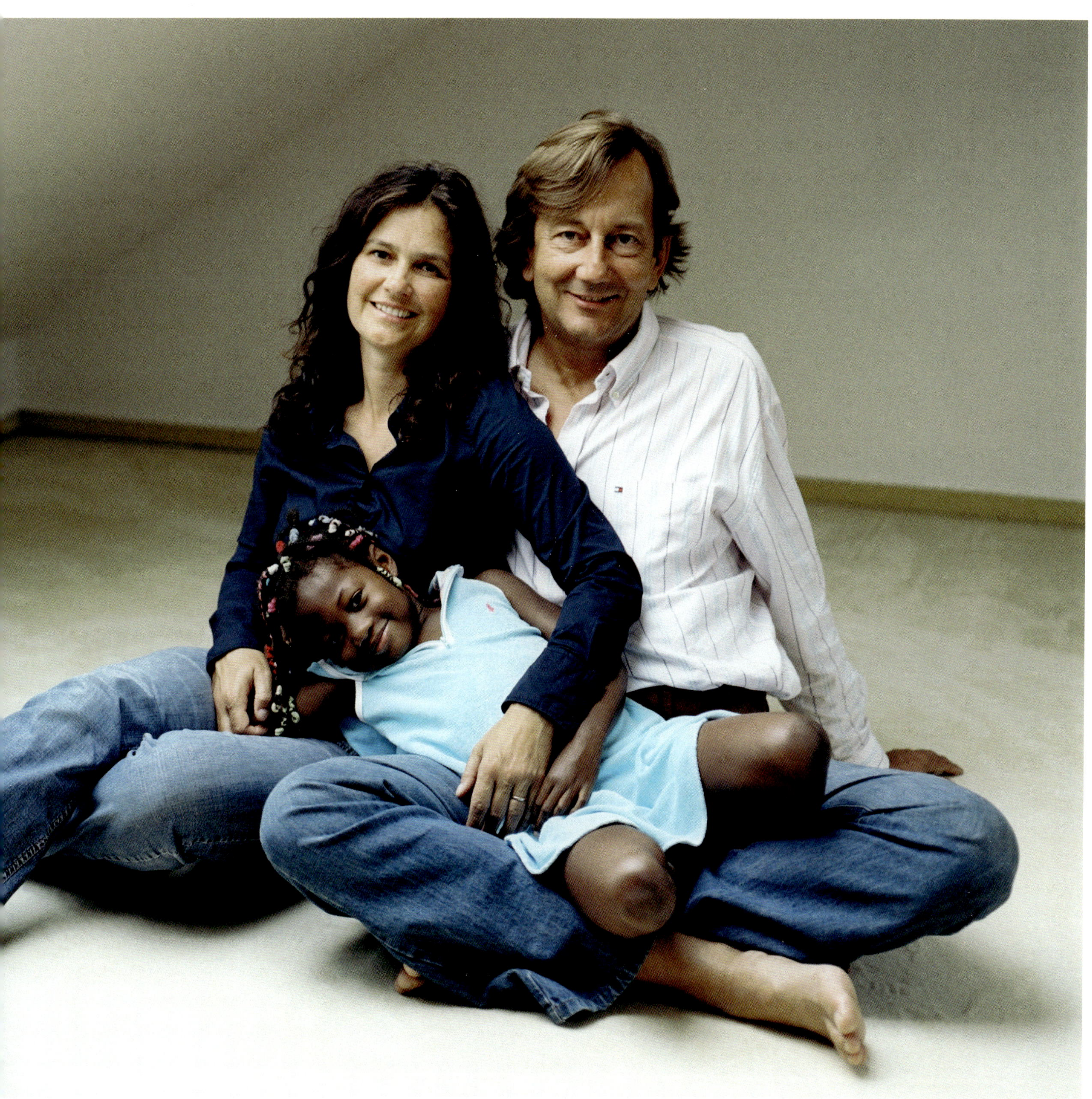

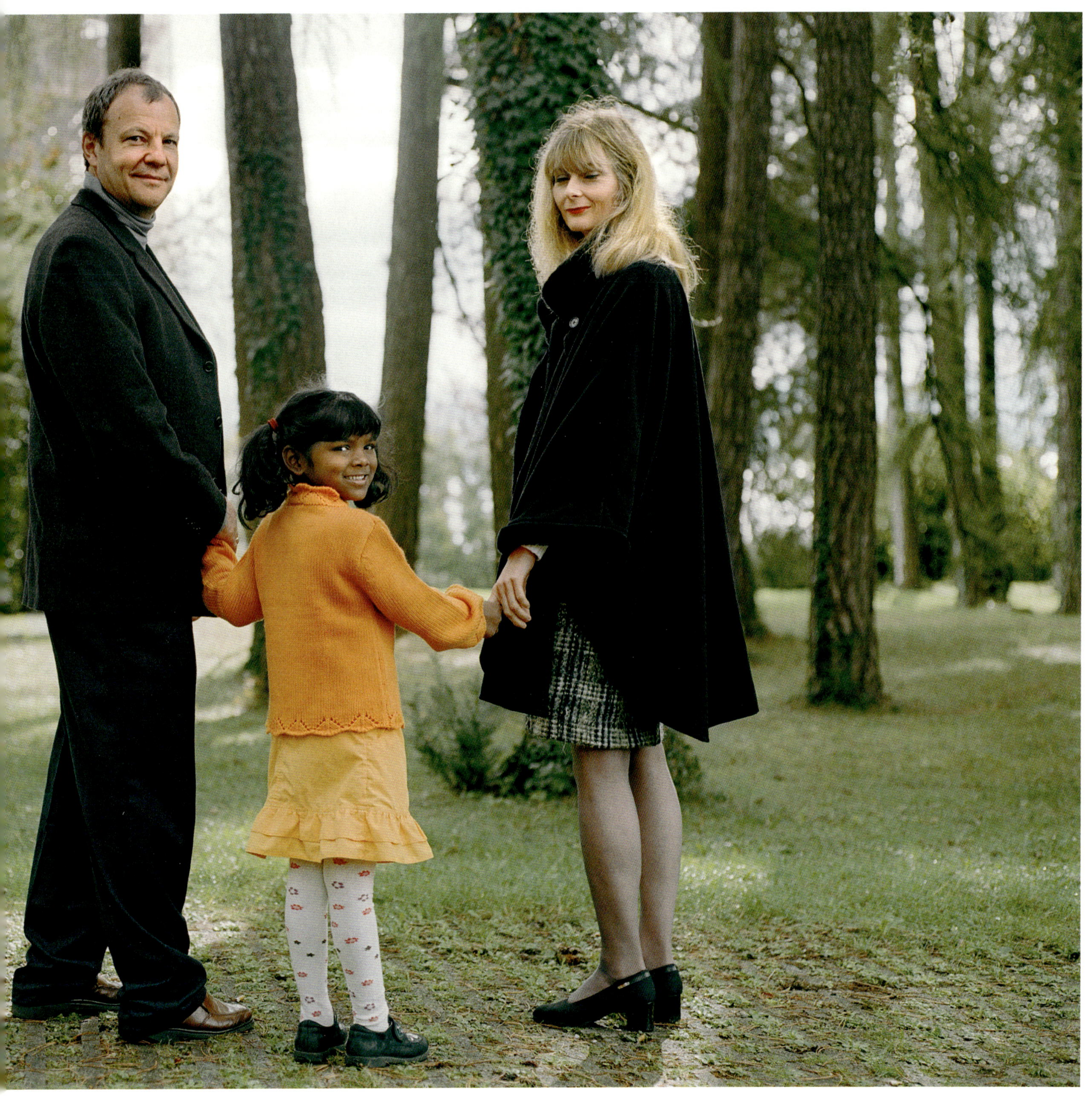

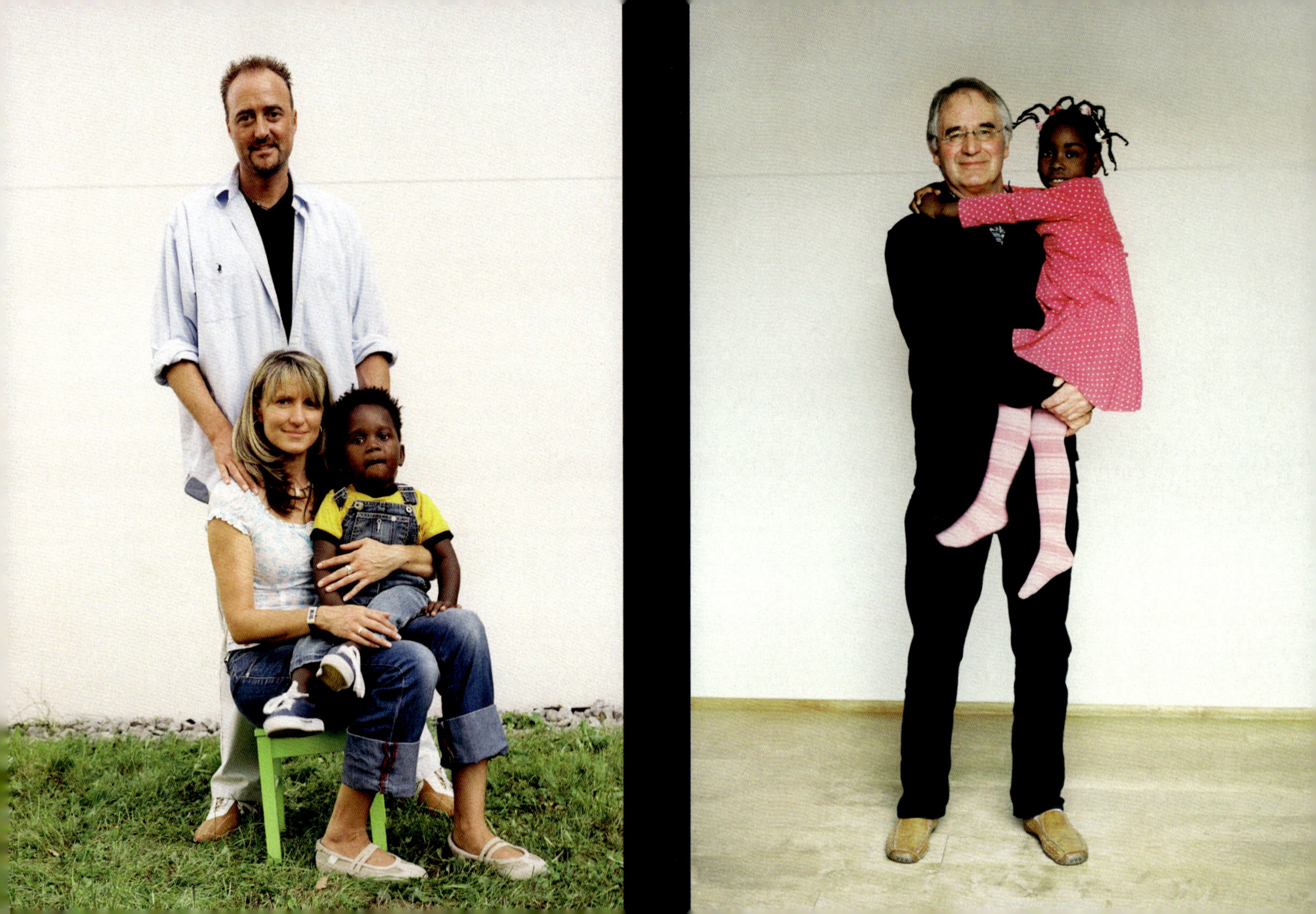

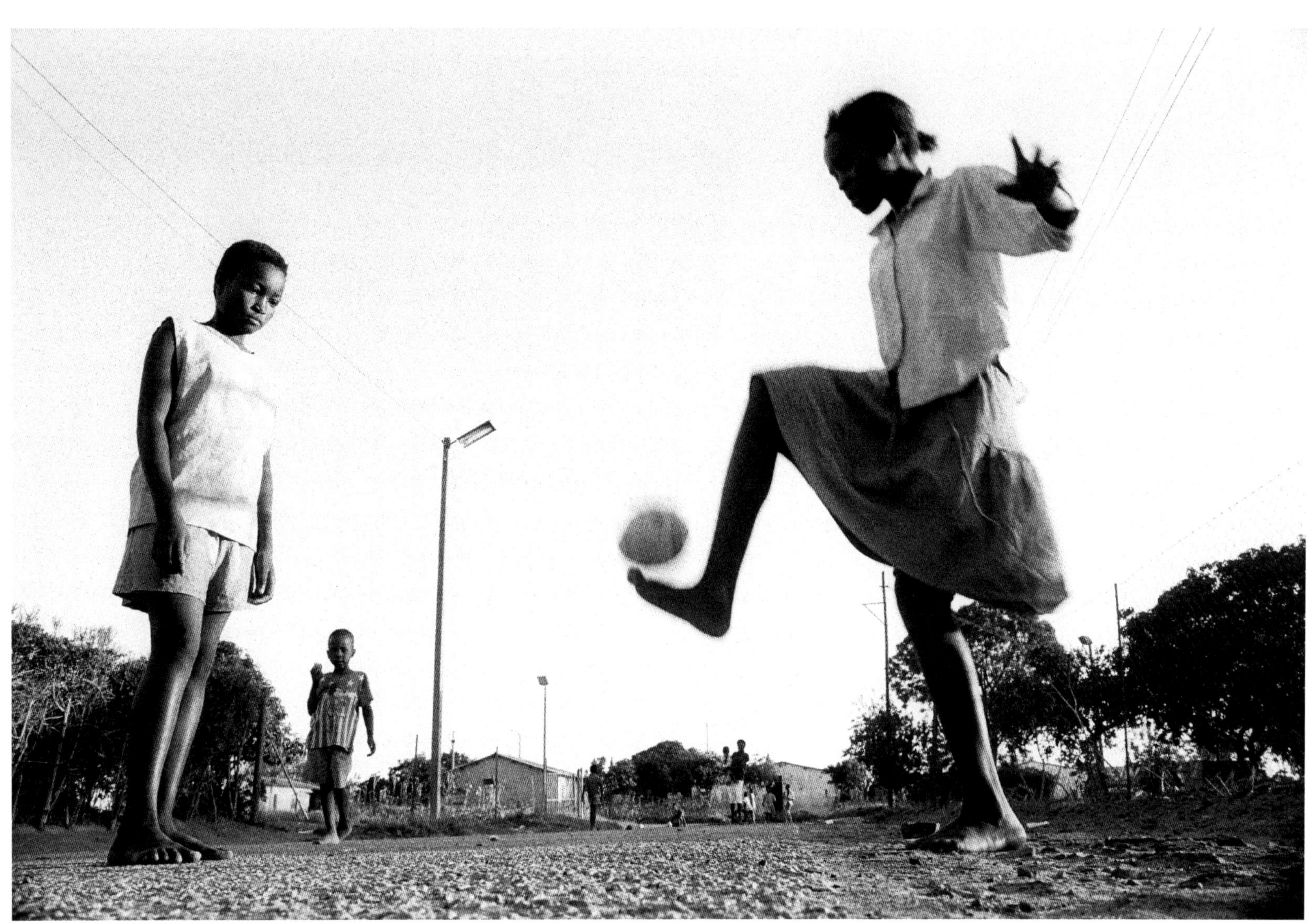

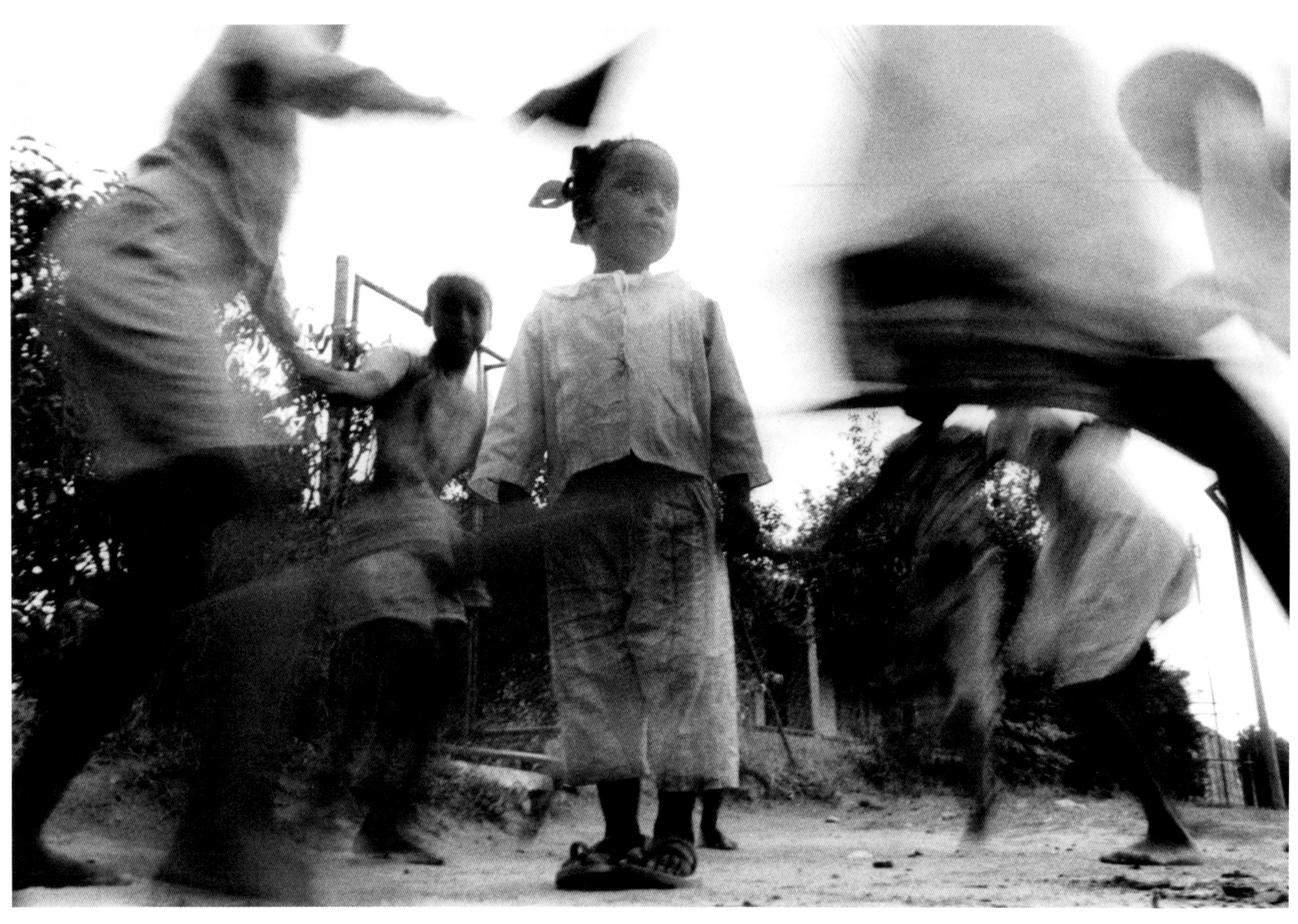

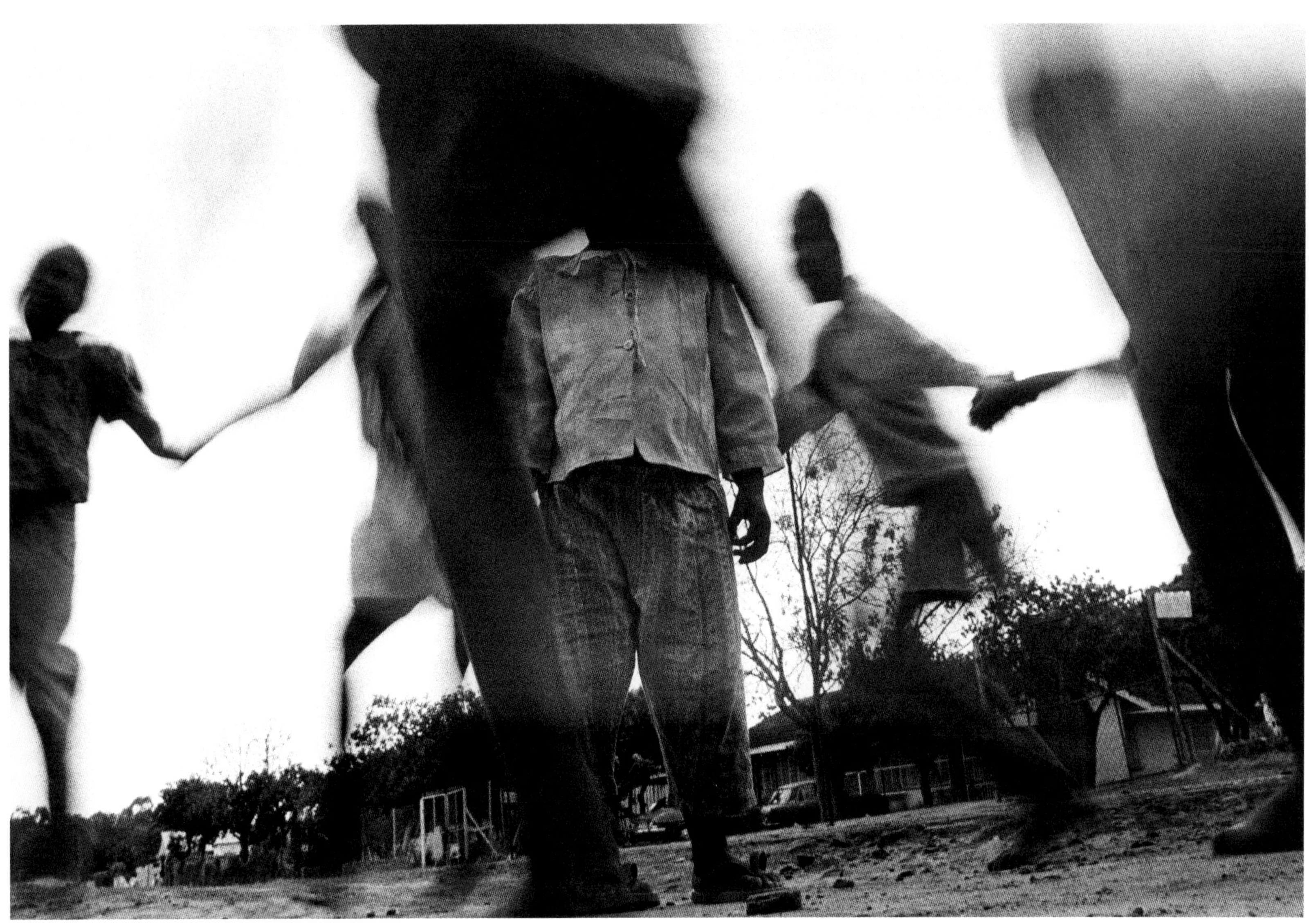

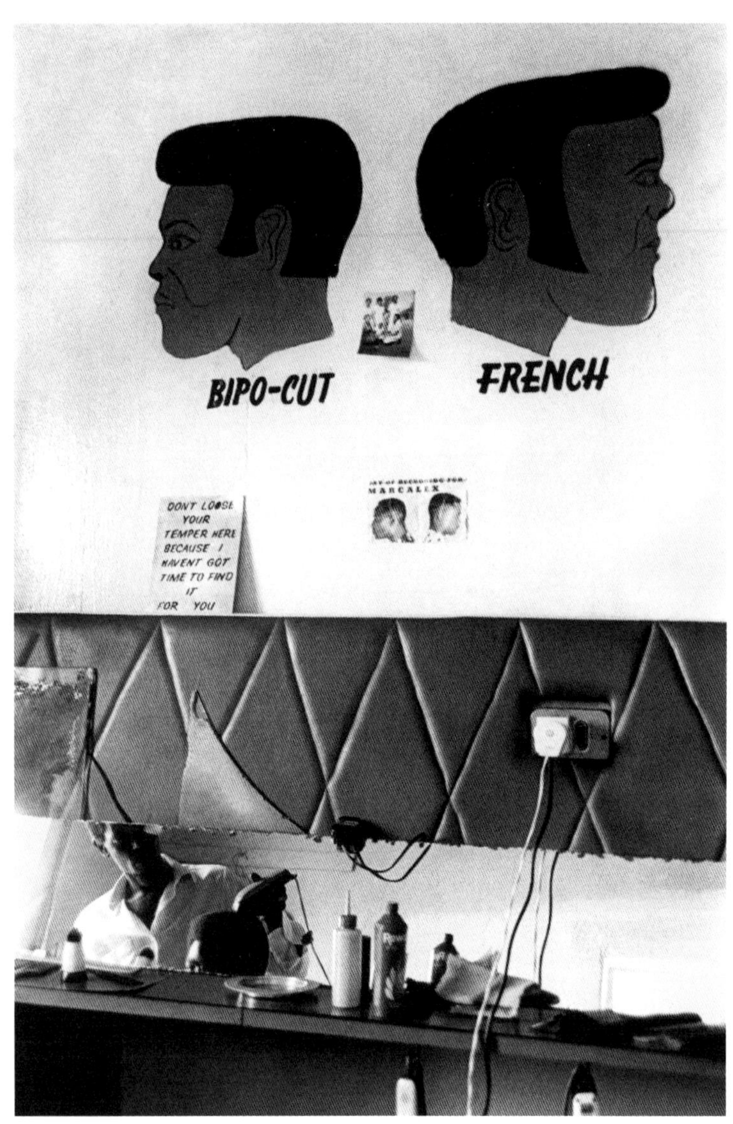
BIPO-CUT
FRENCH
DONT LOOSE YOUR TEMPER HERE BECAUSE I HAVENT GOT TIME TO FIND IT FOR YOU
MARCALEX

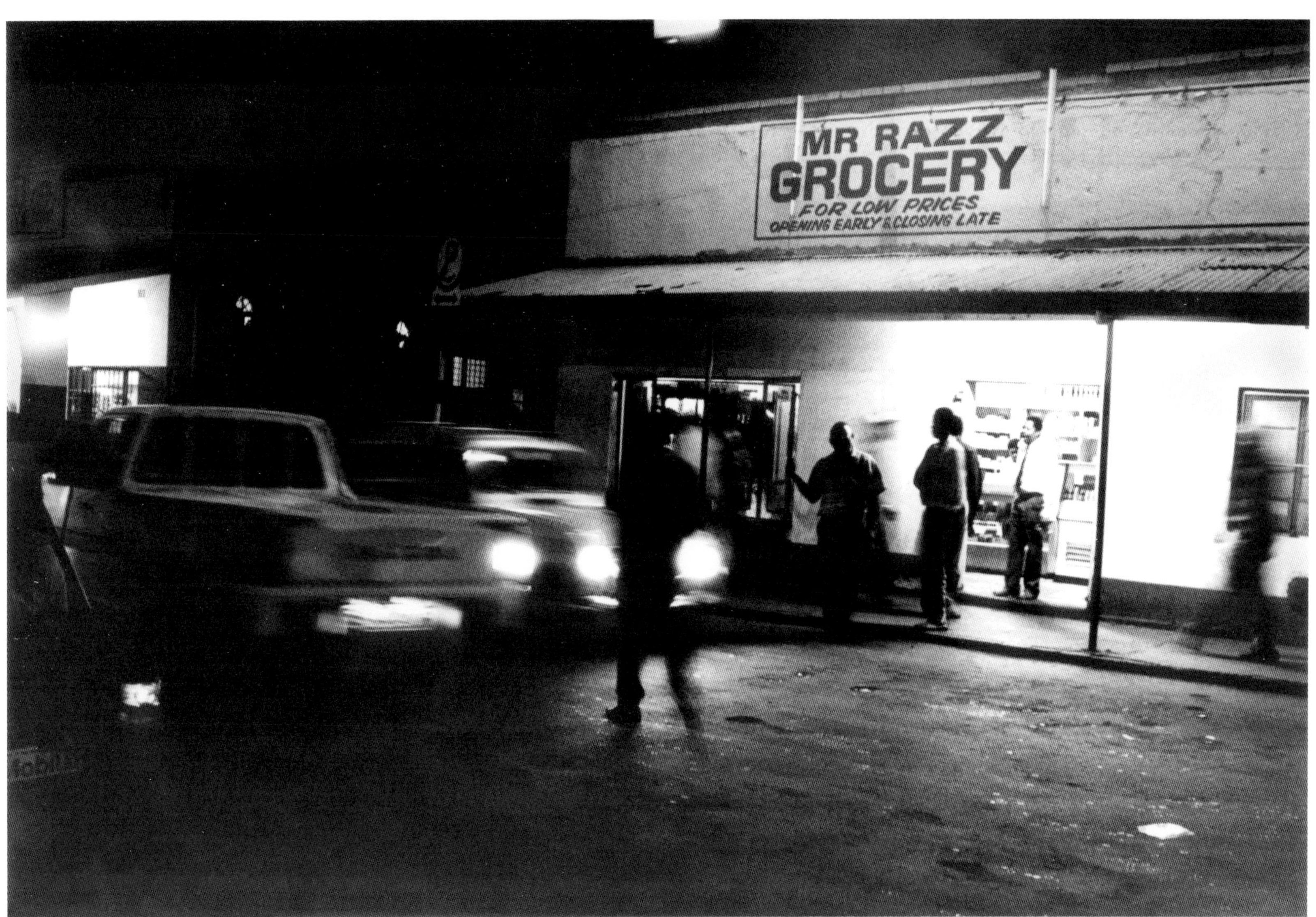
MR RAZZ
GROCERY
FOR LOW PRICES
OPENING EARLY & CLOSING LATE

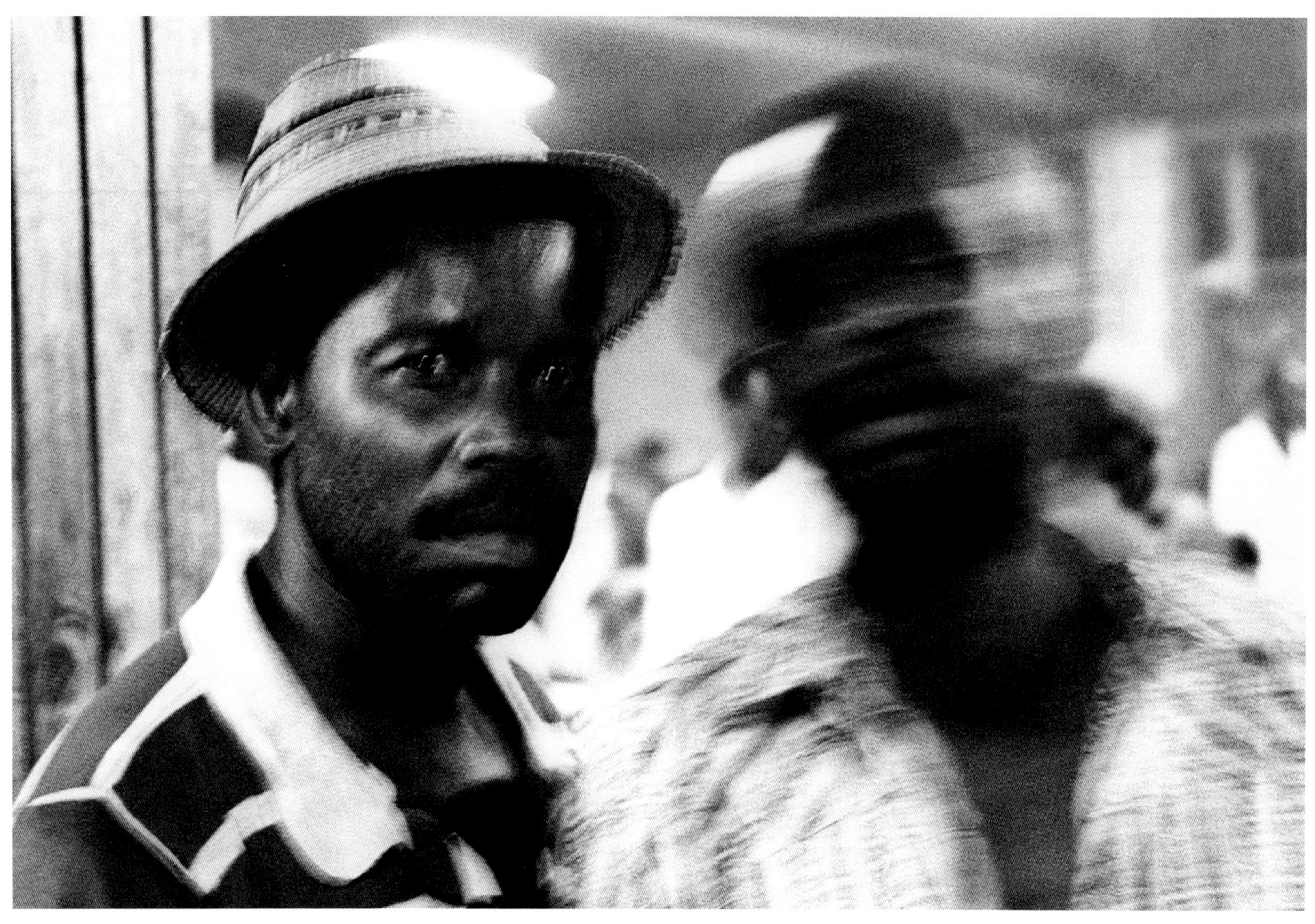

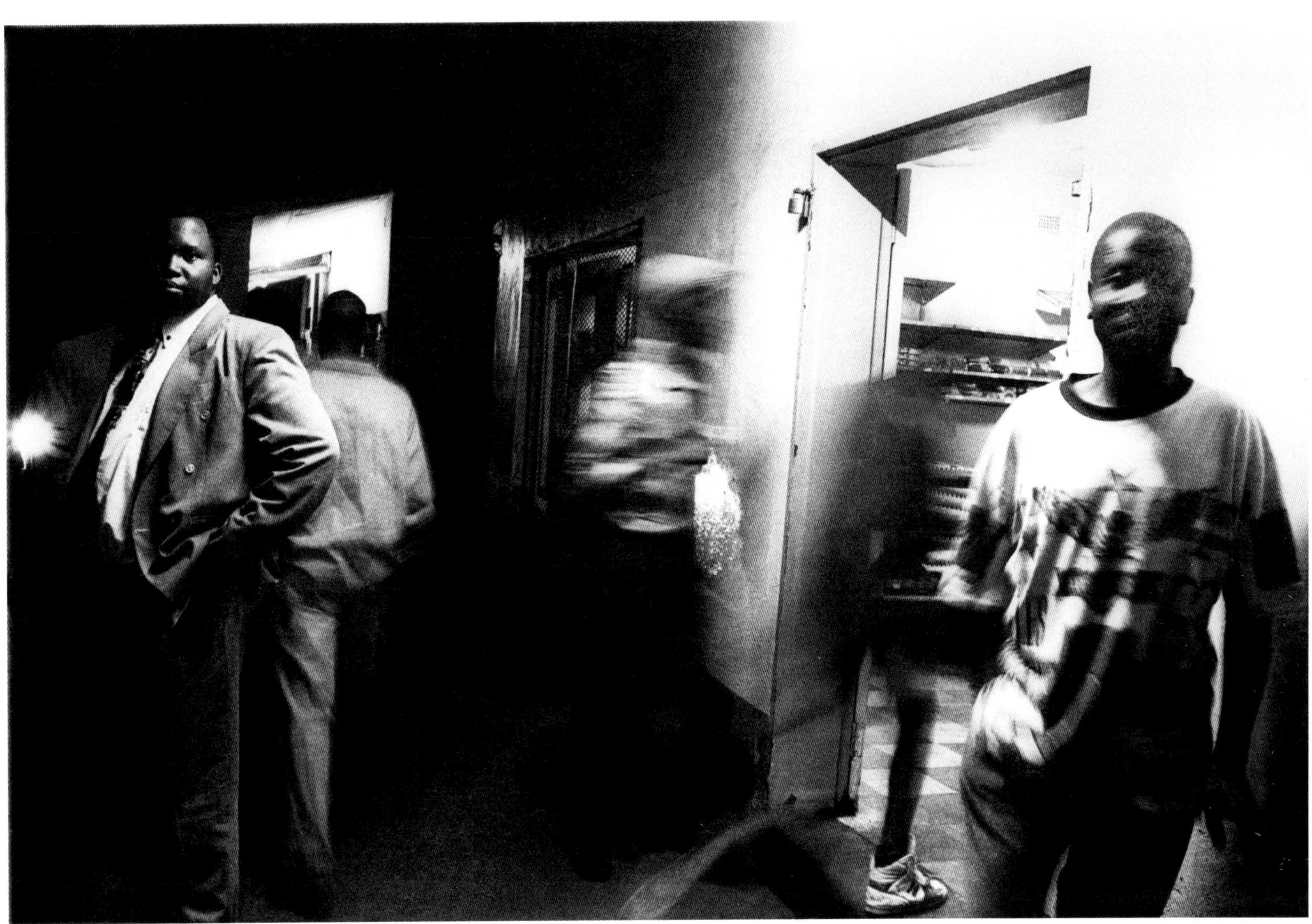

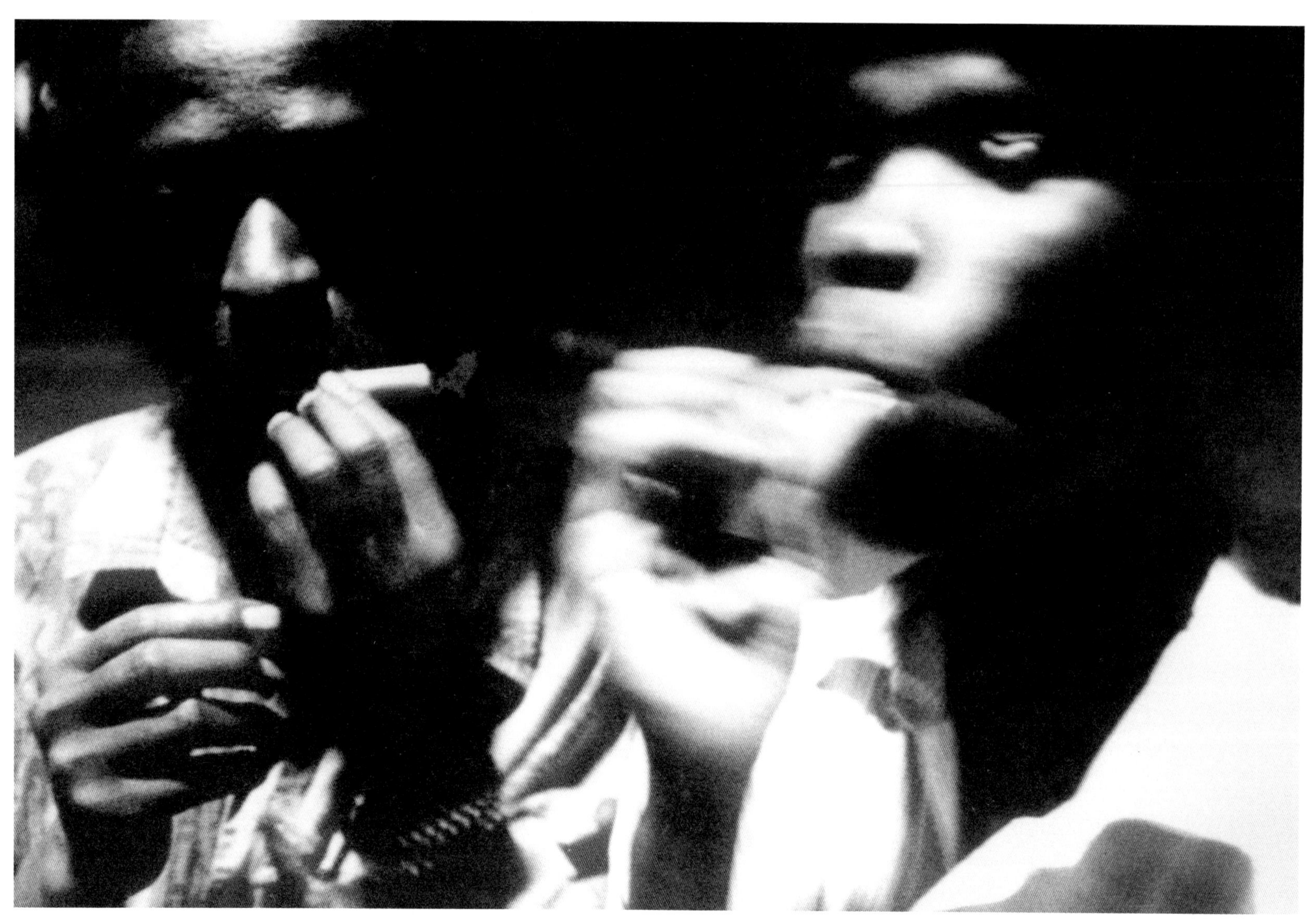

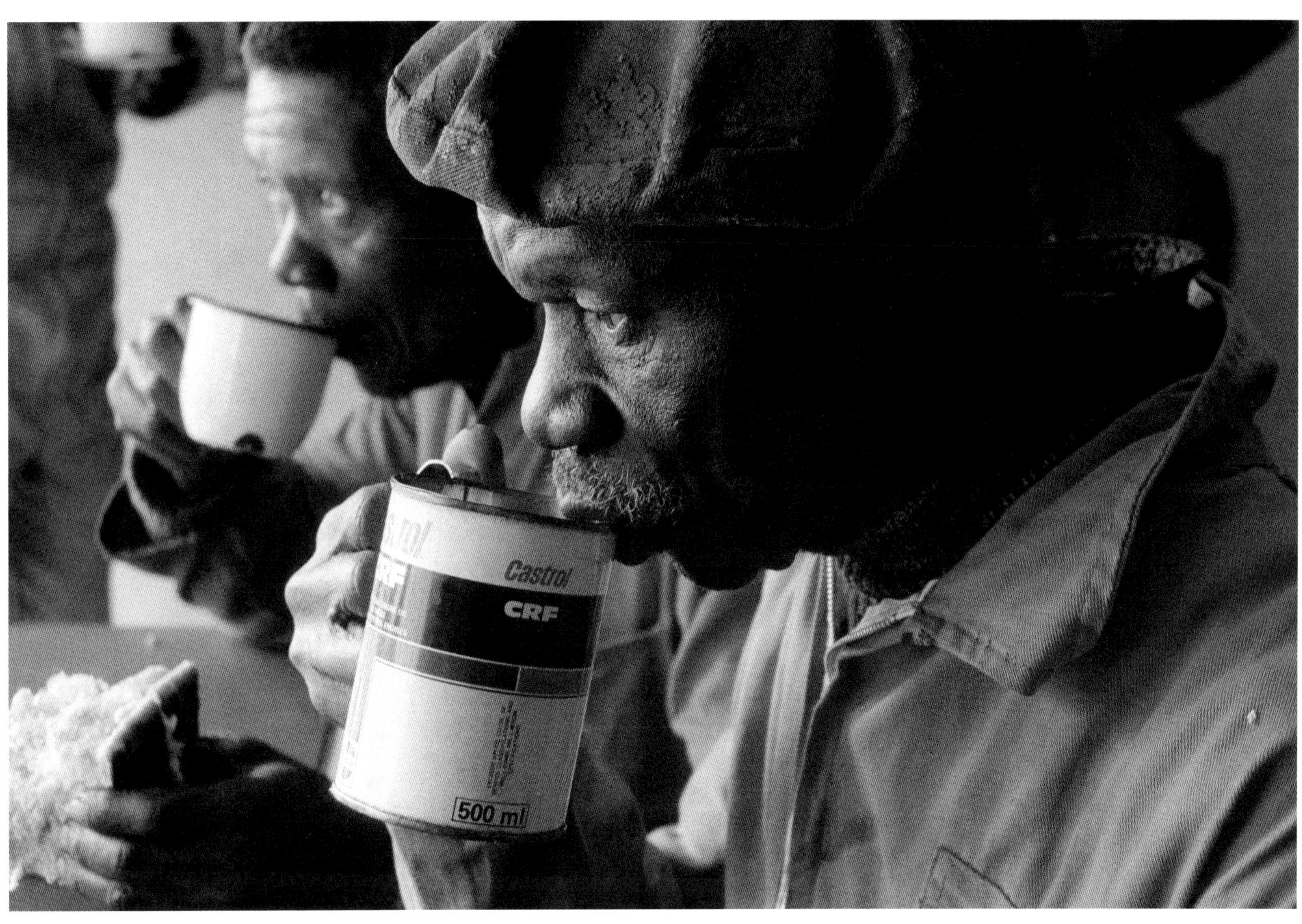
Castrol
CRF
500 ml

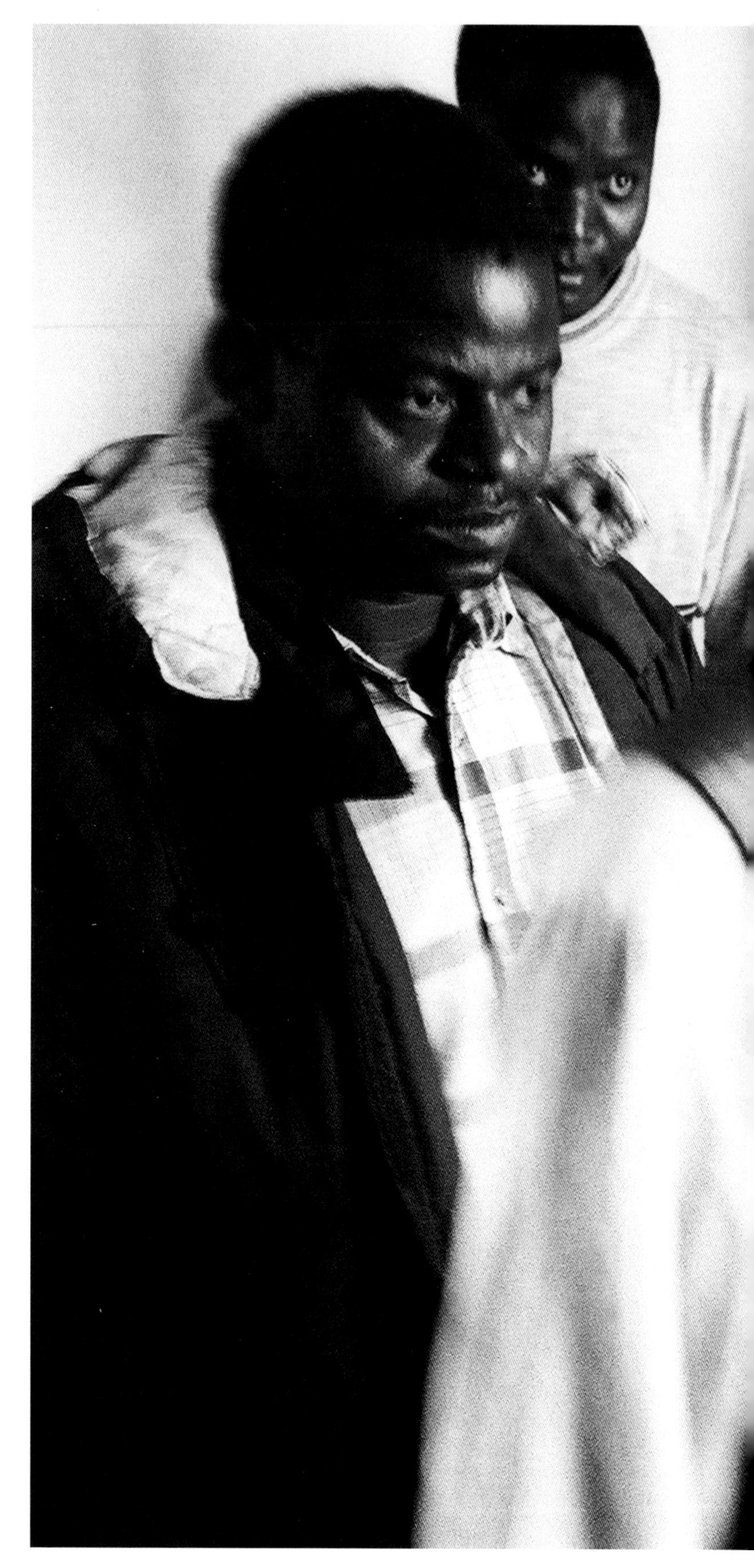

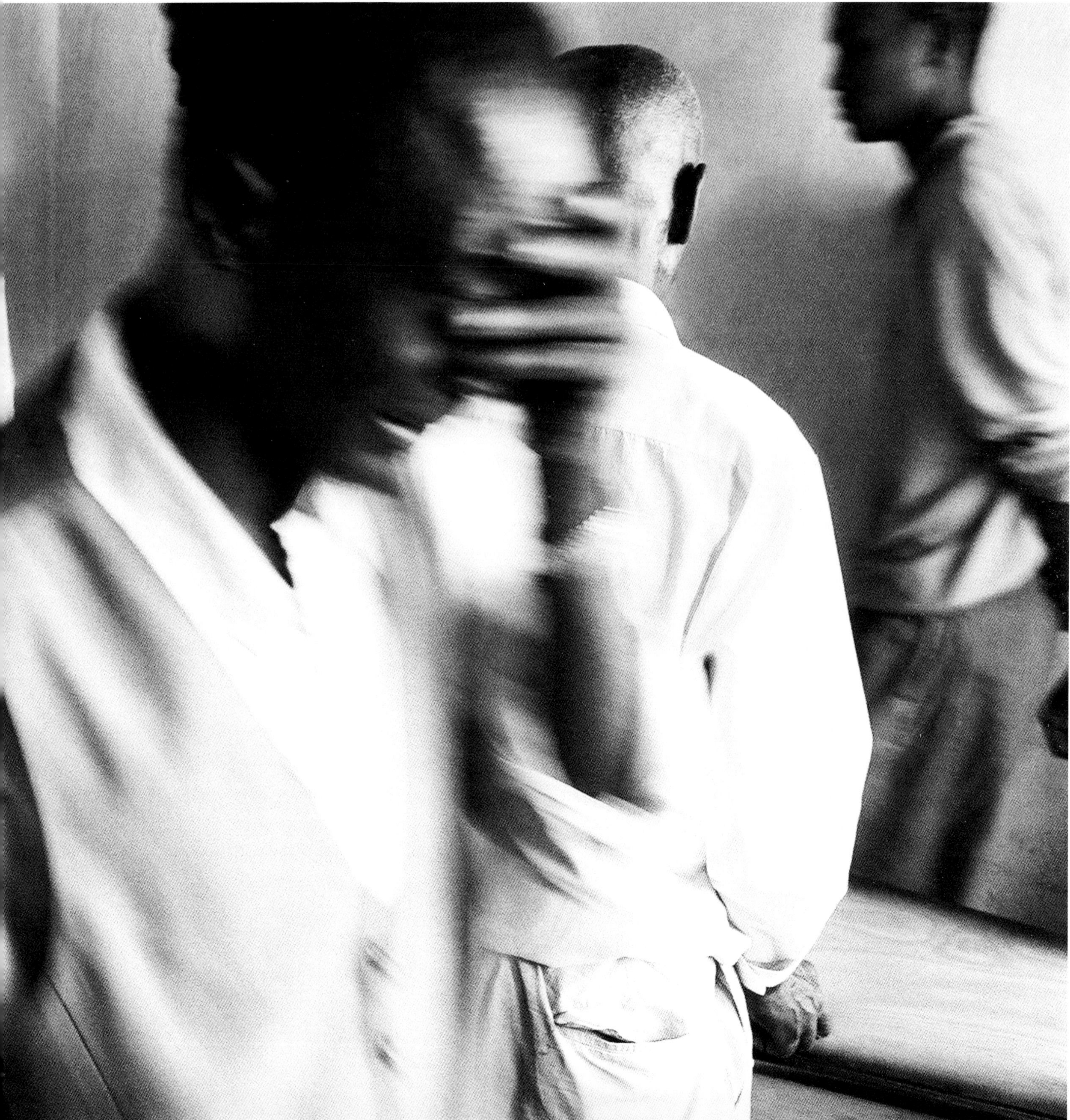

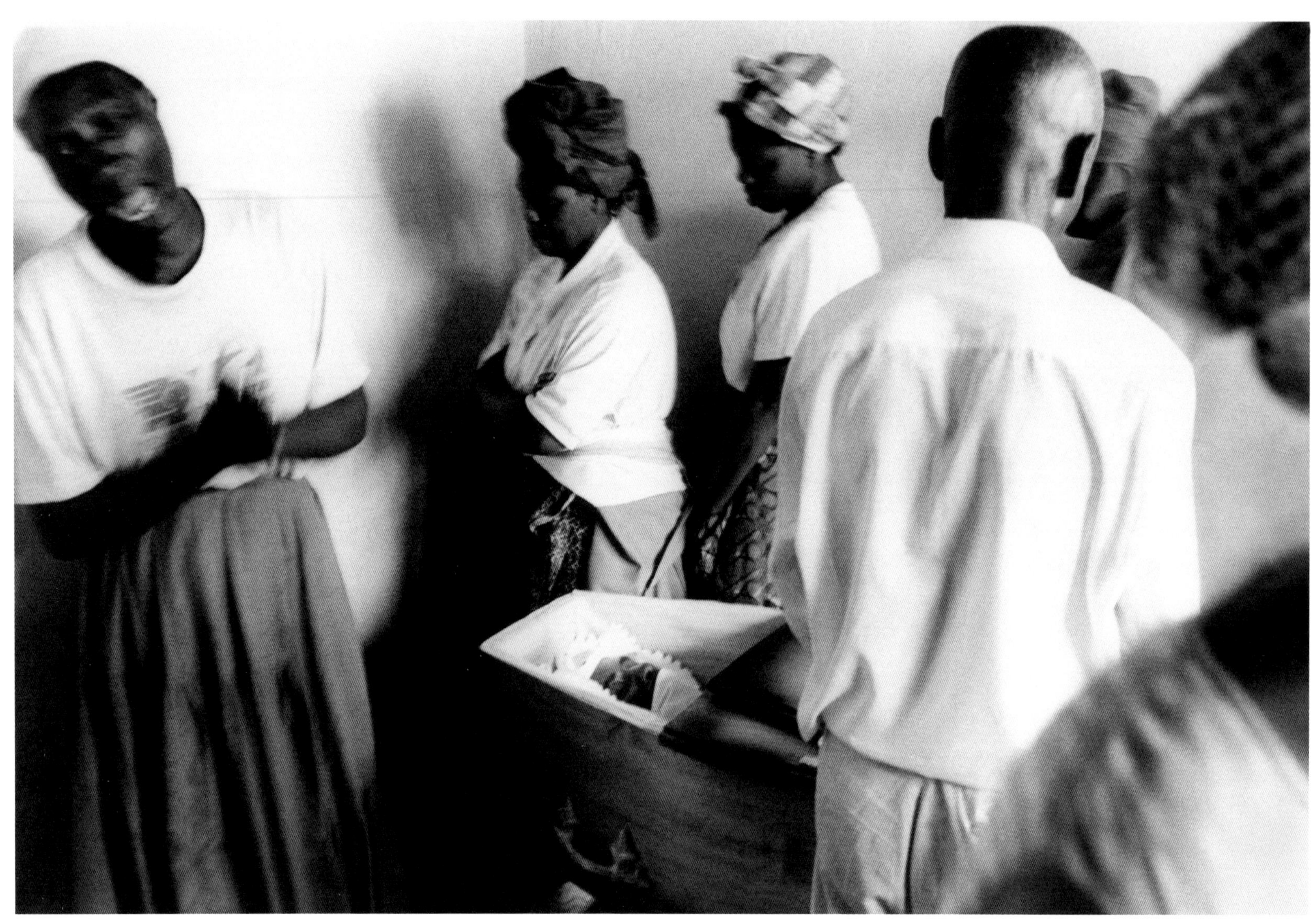

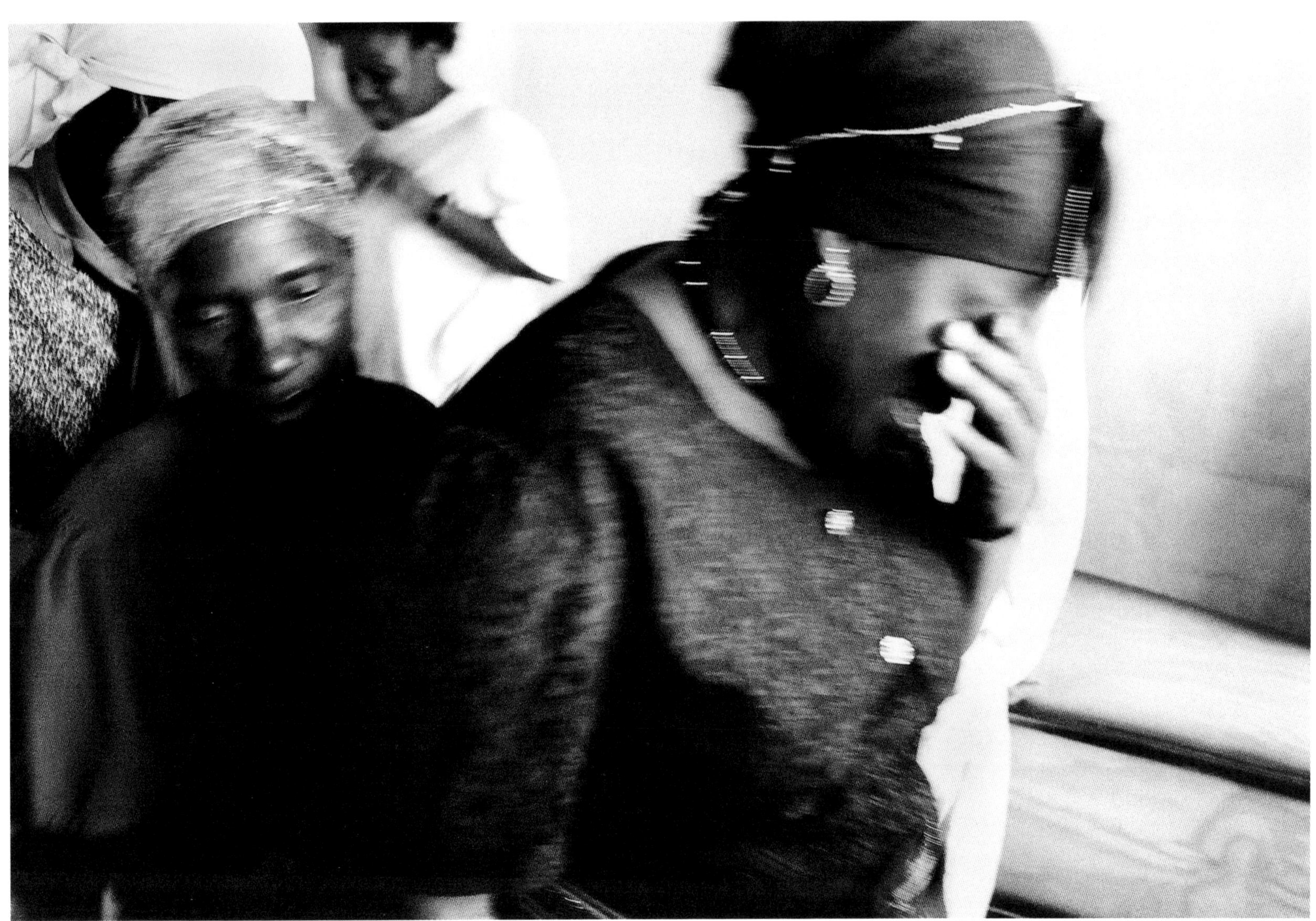

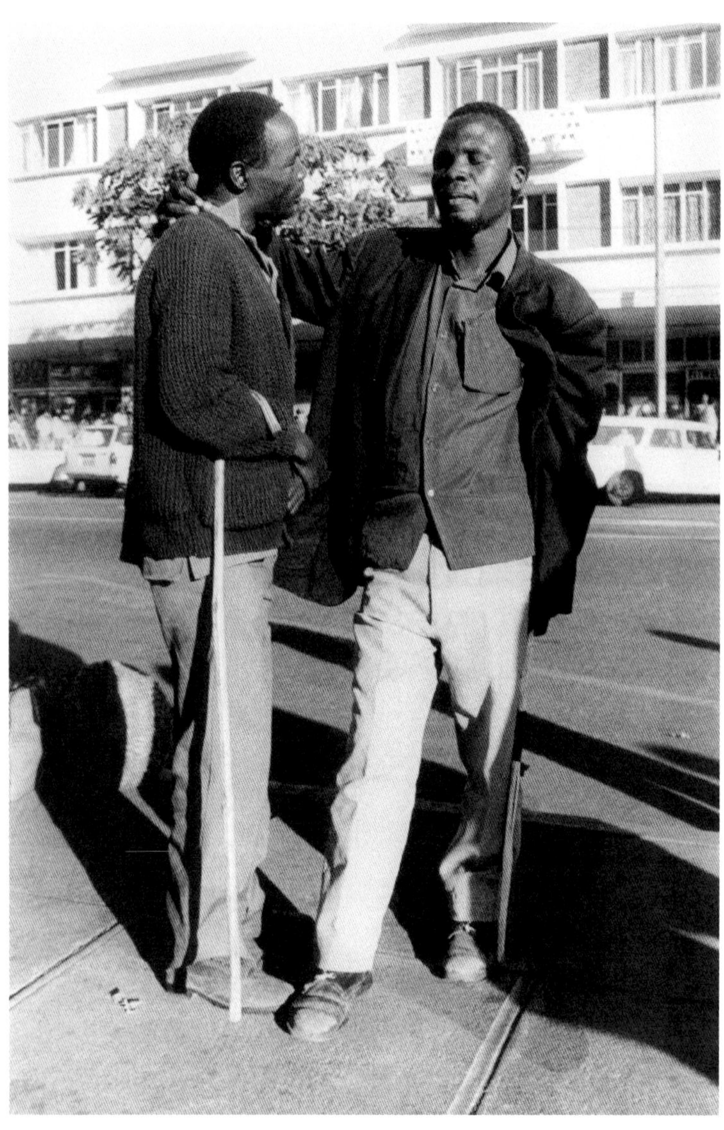

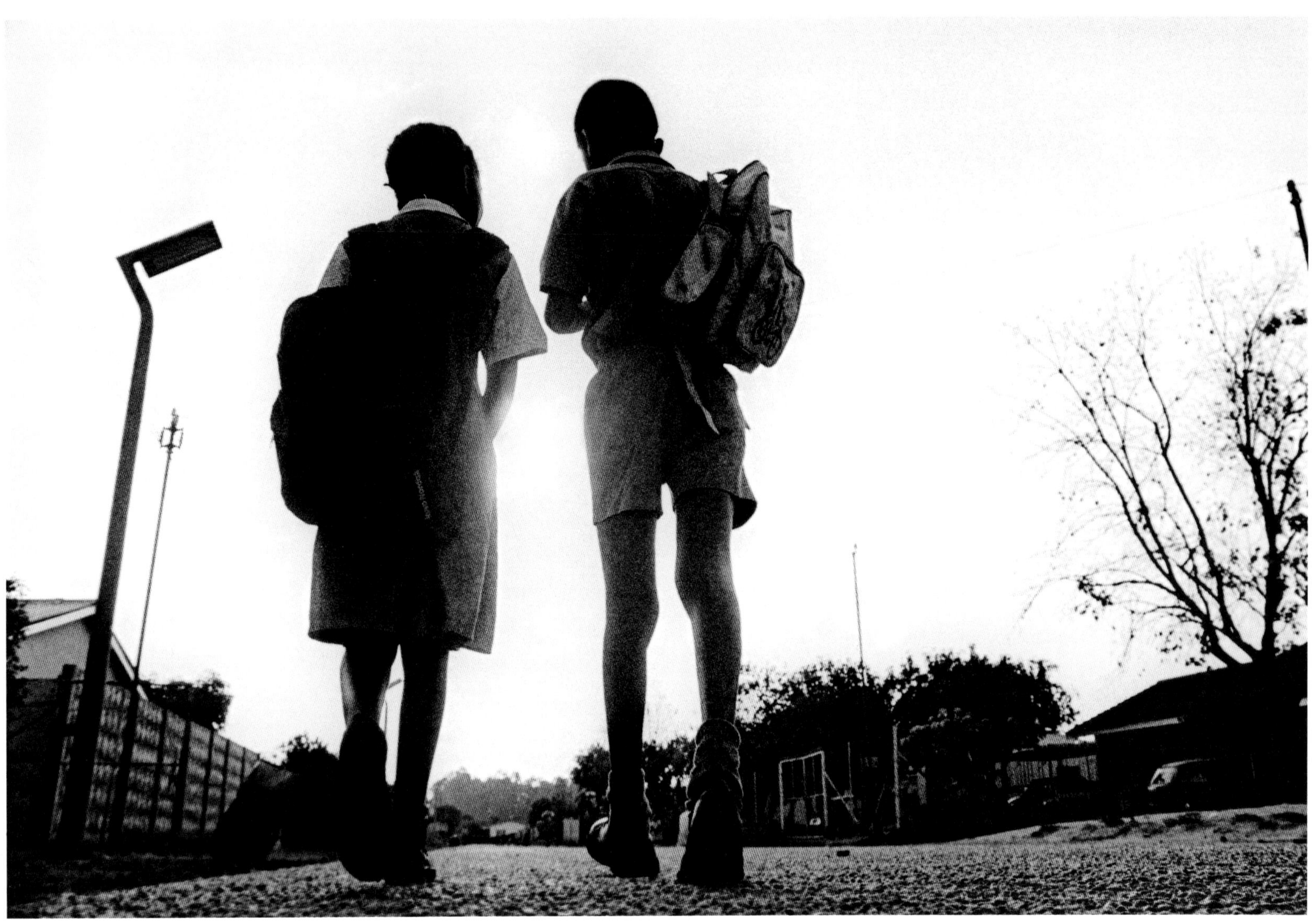

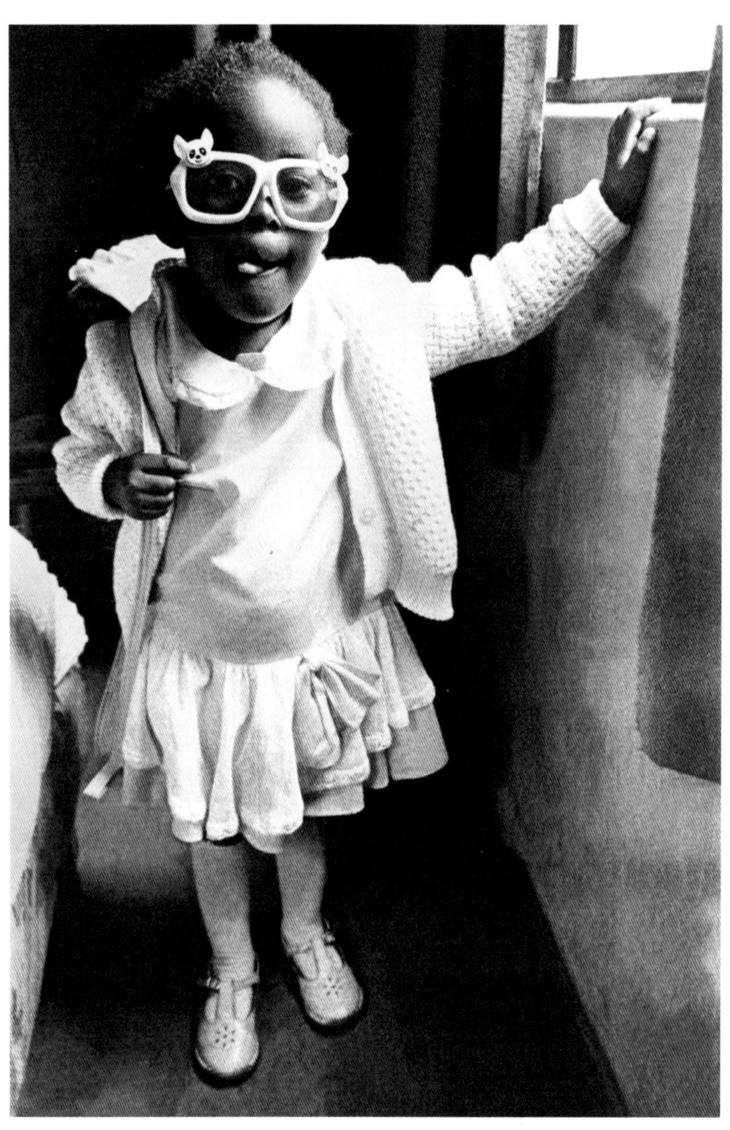

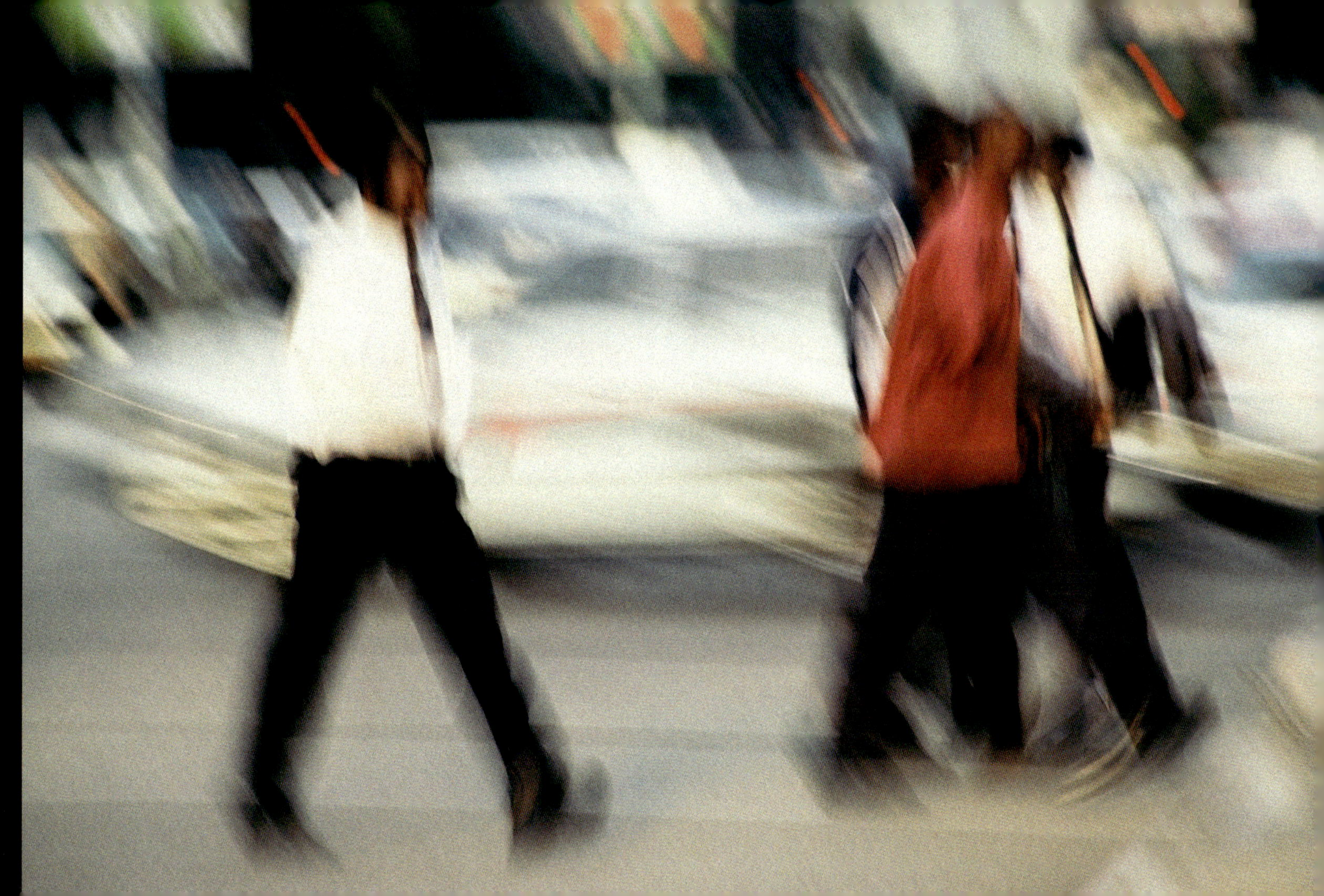

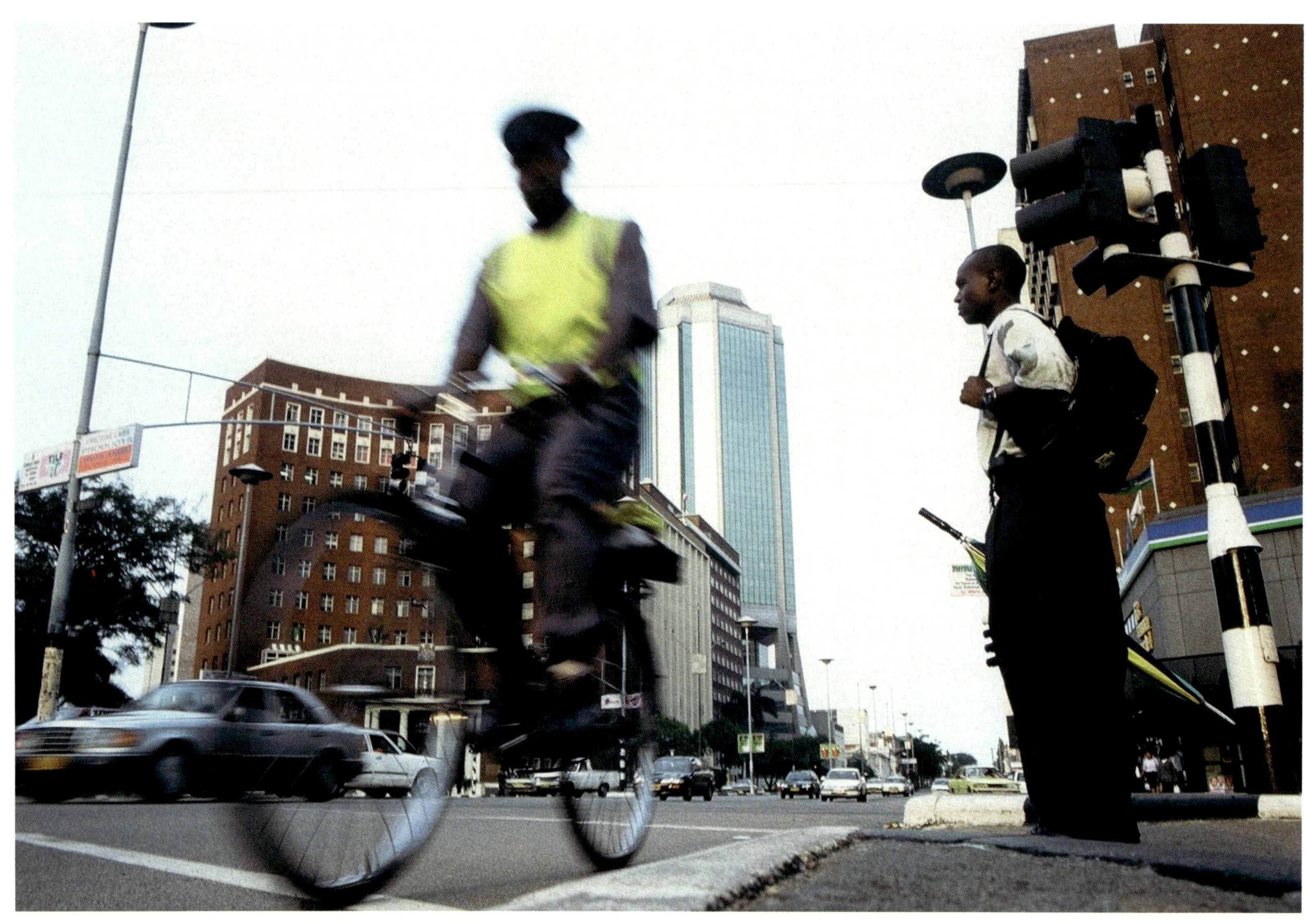

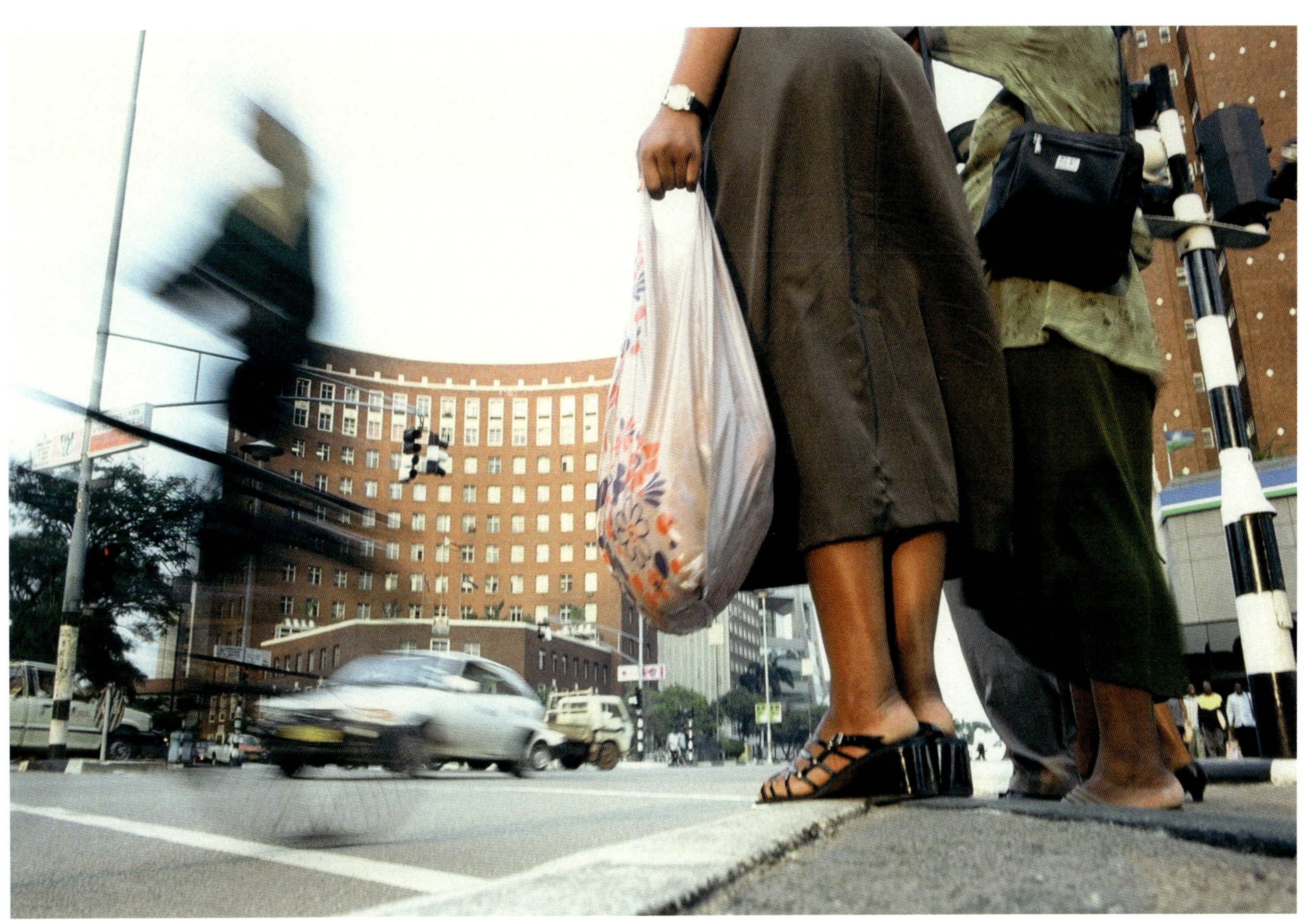

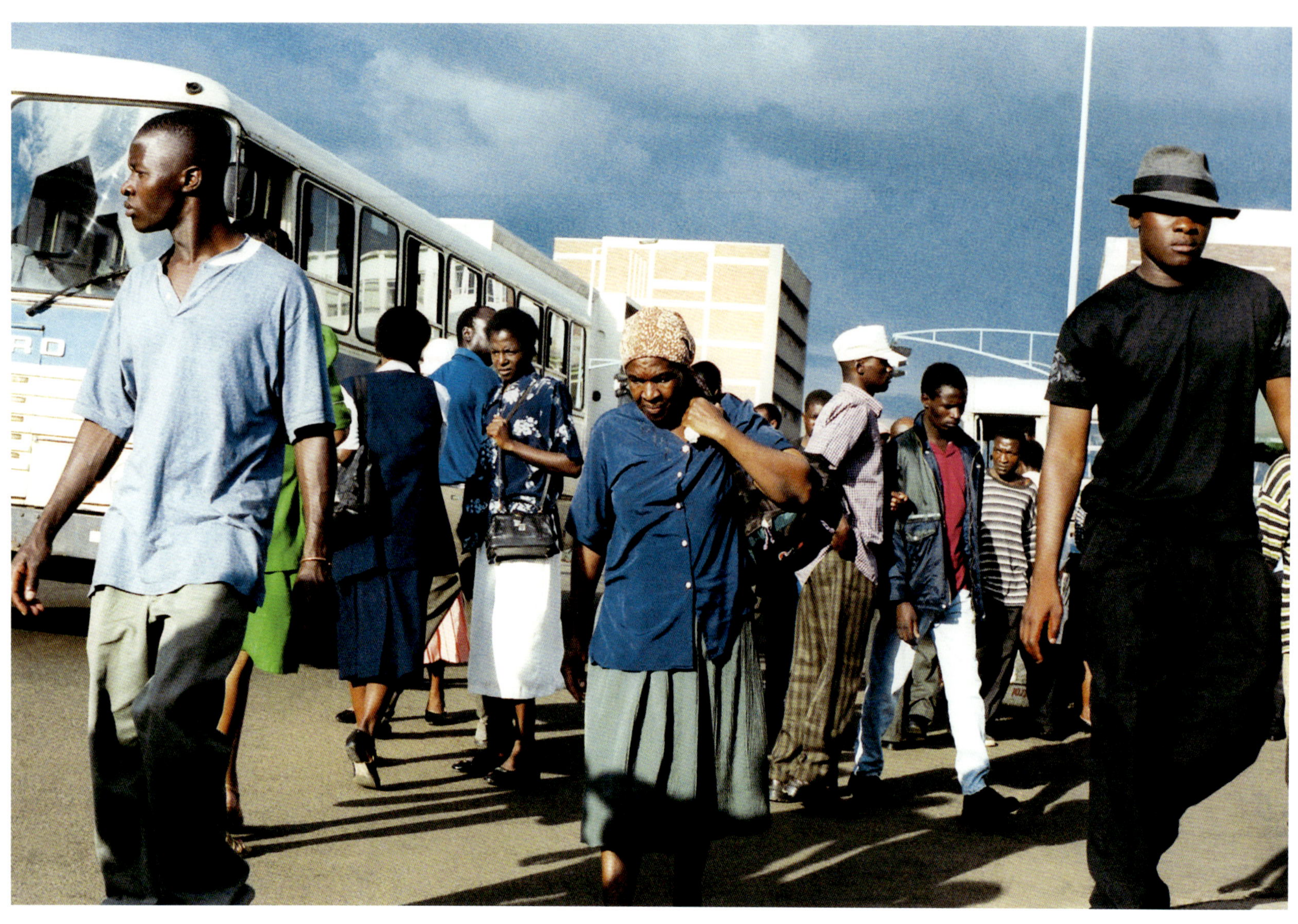

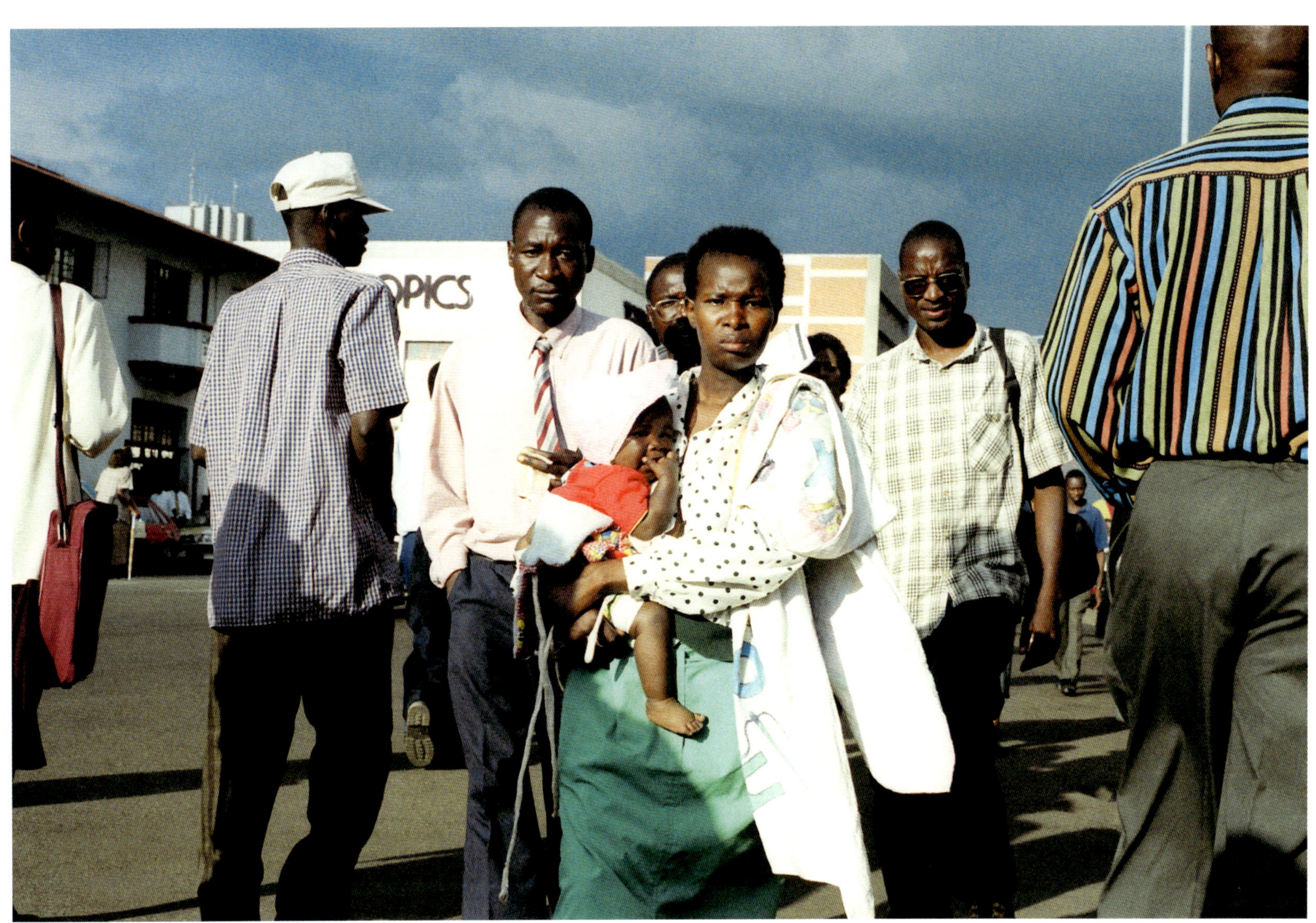

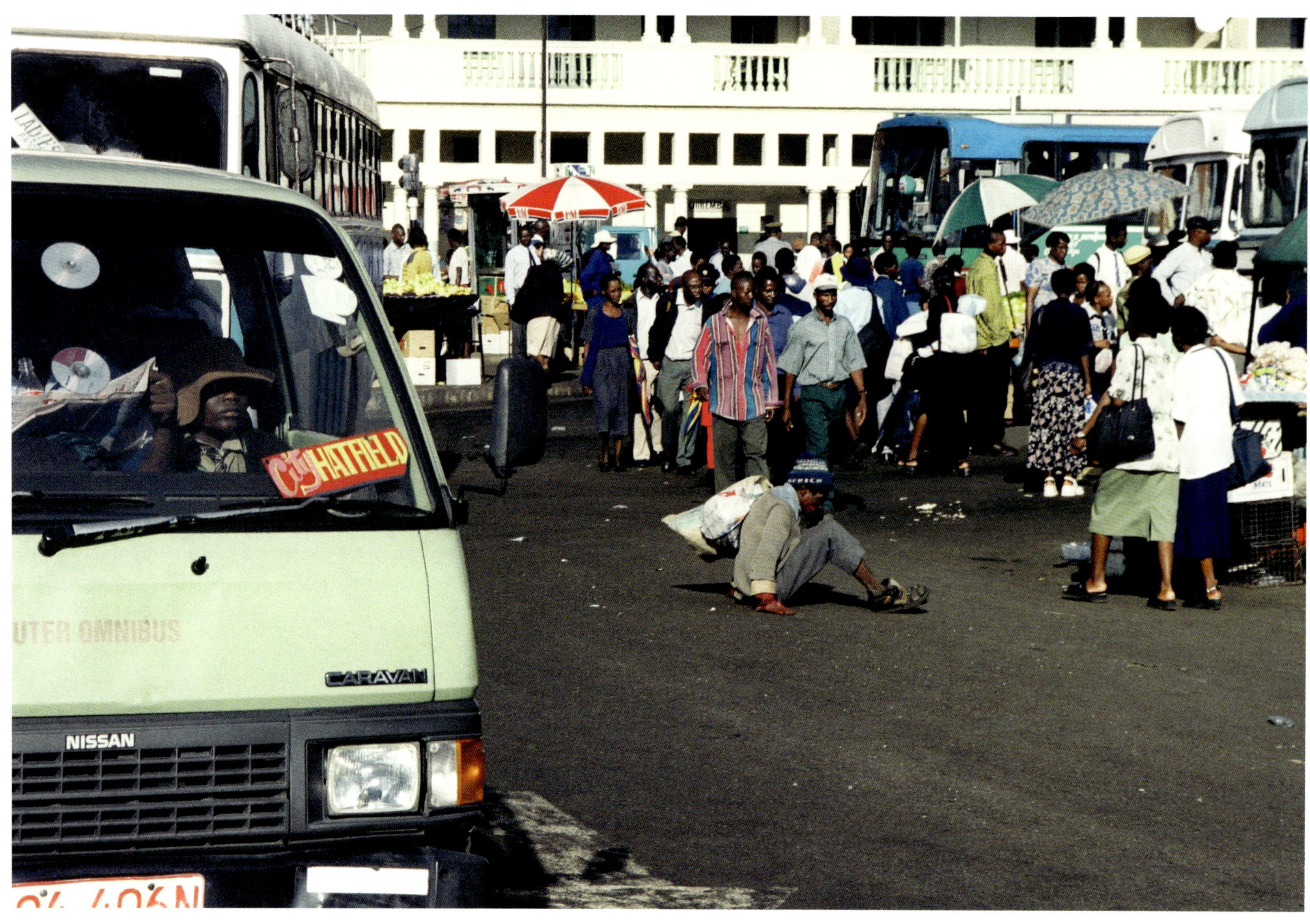
City HATFIELD
CARAVAN
NISSAN

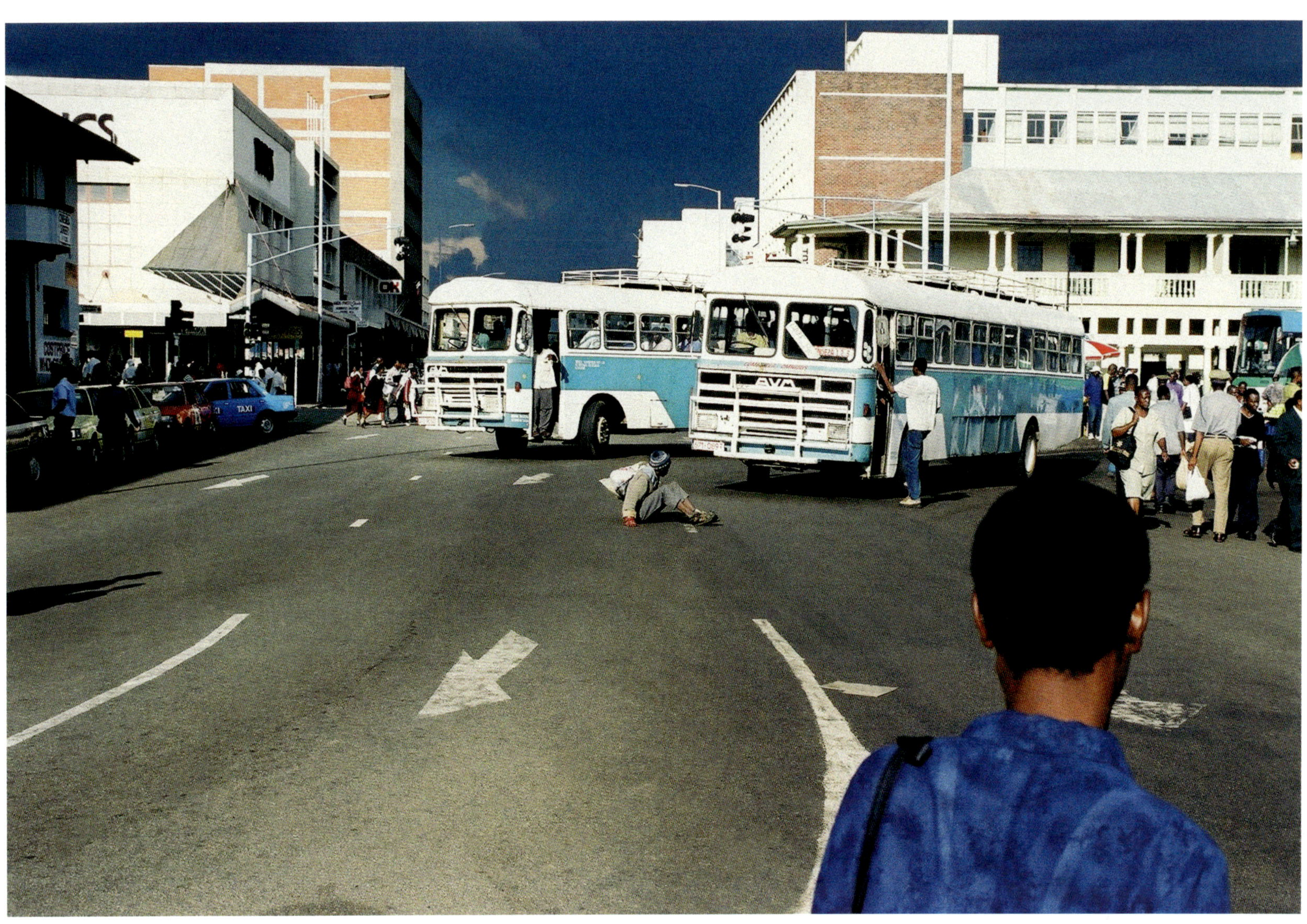
OK
TAXI

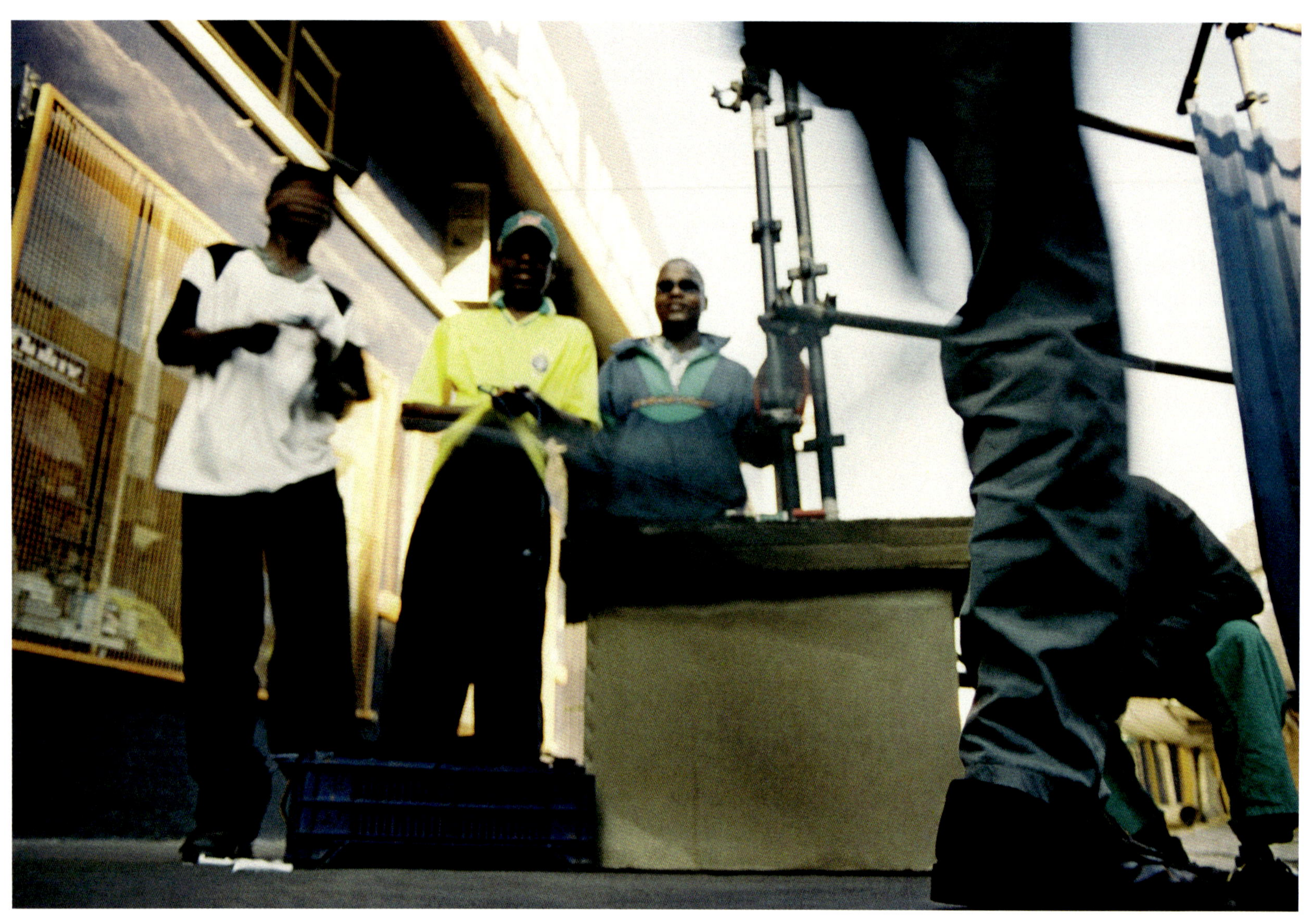

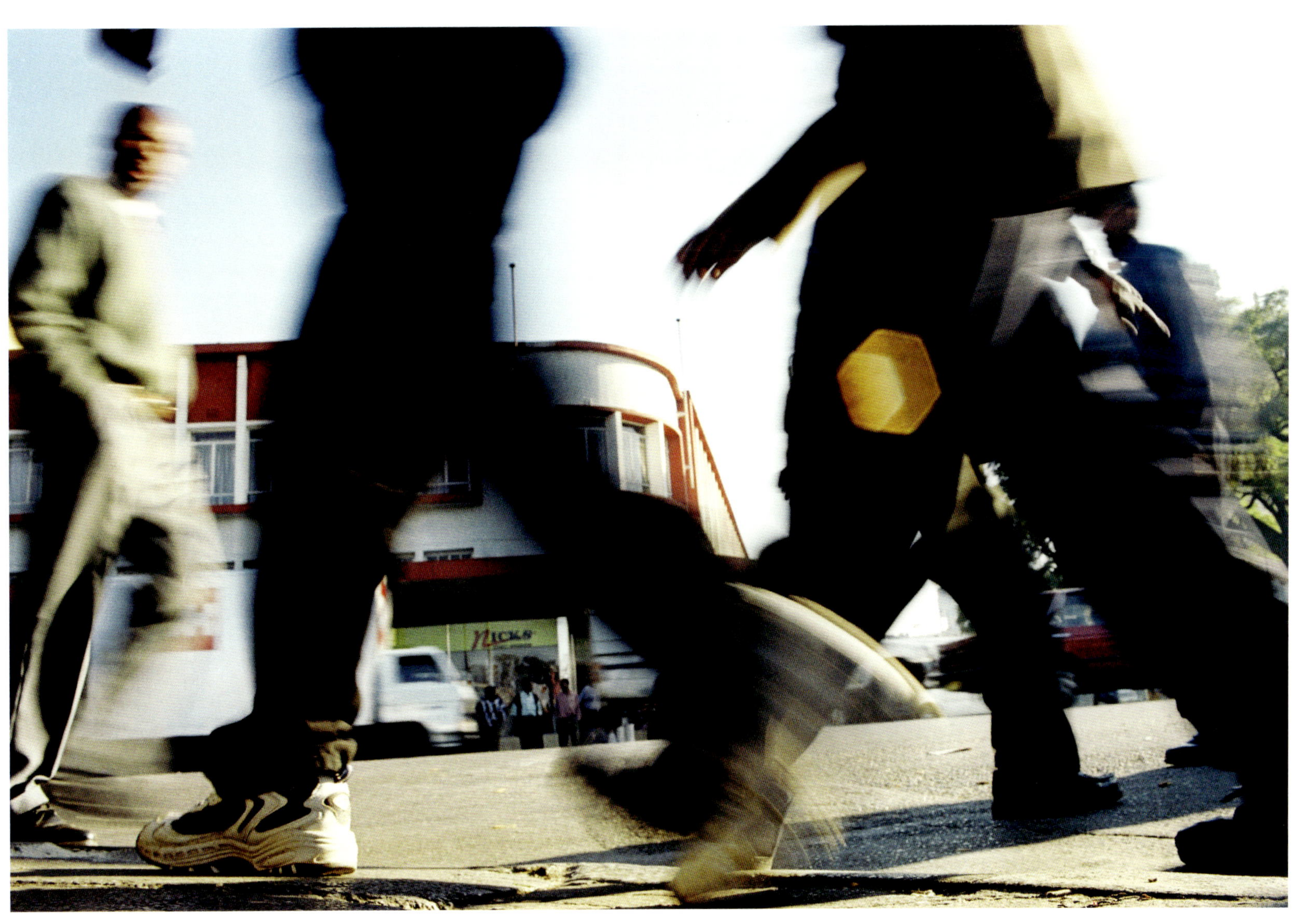
Nicks

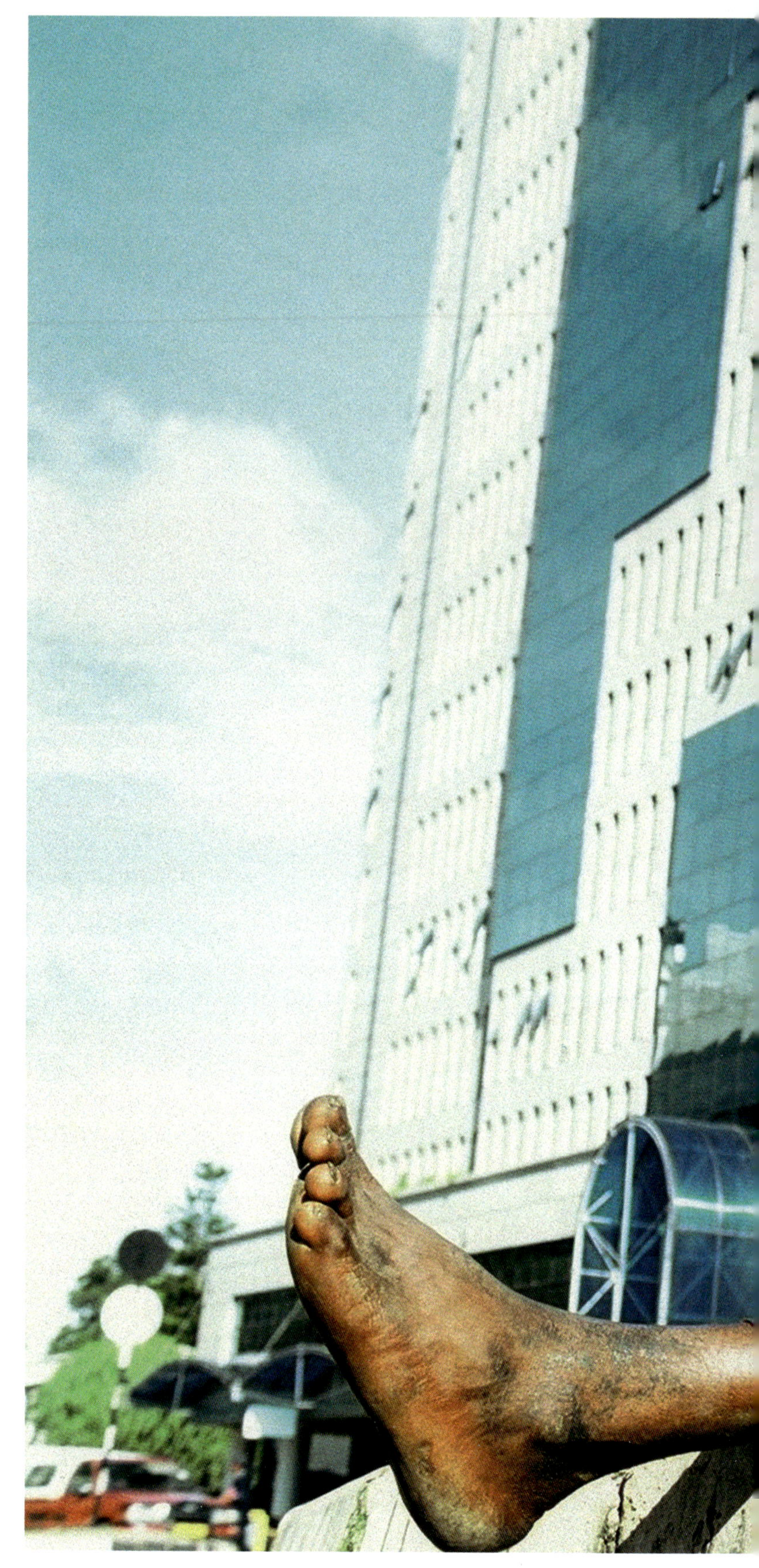

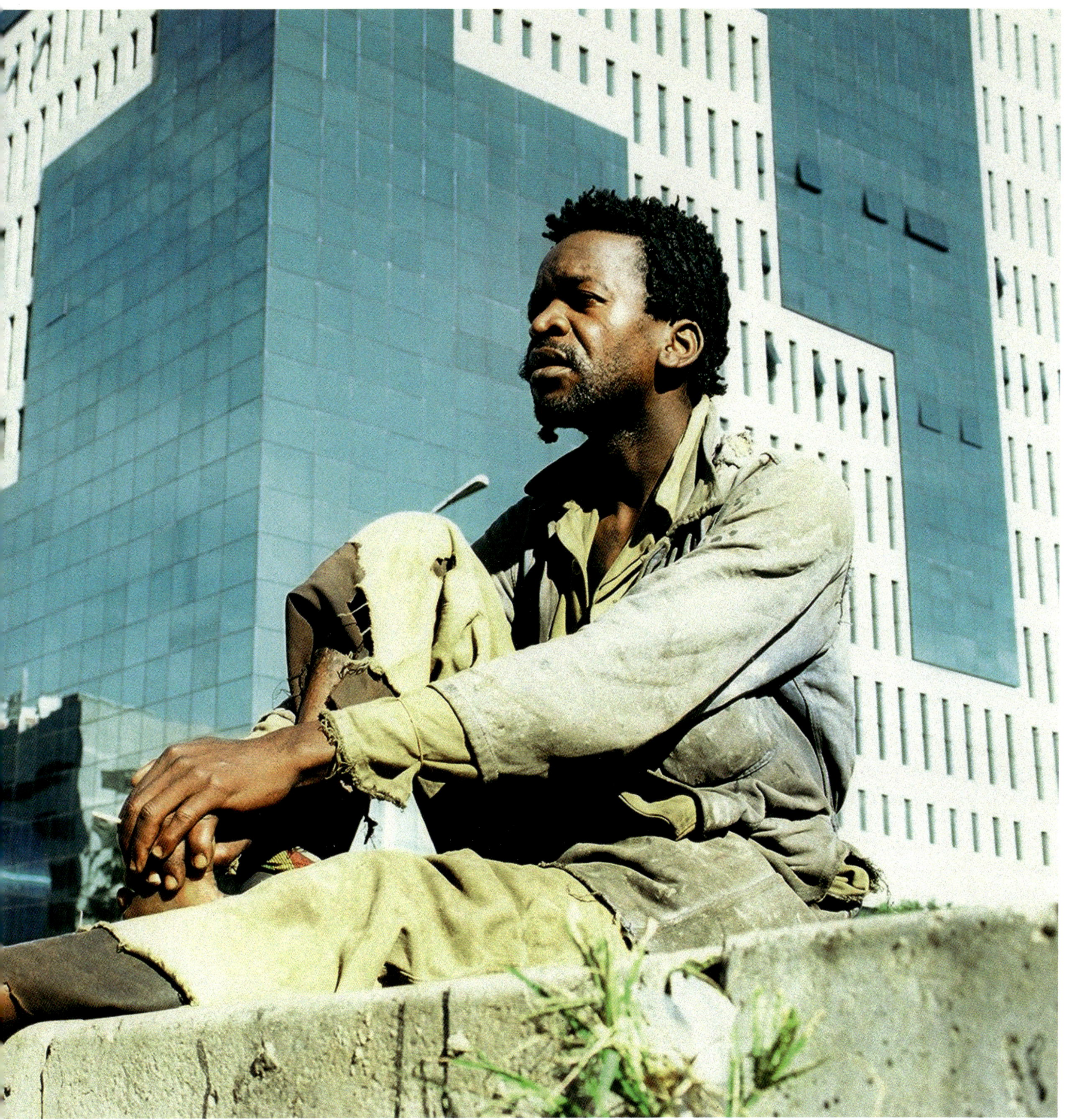

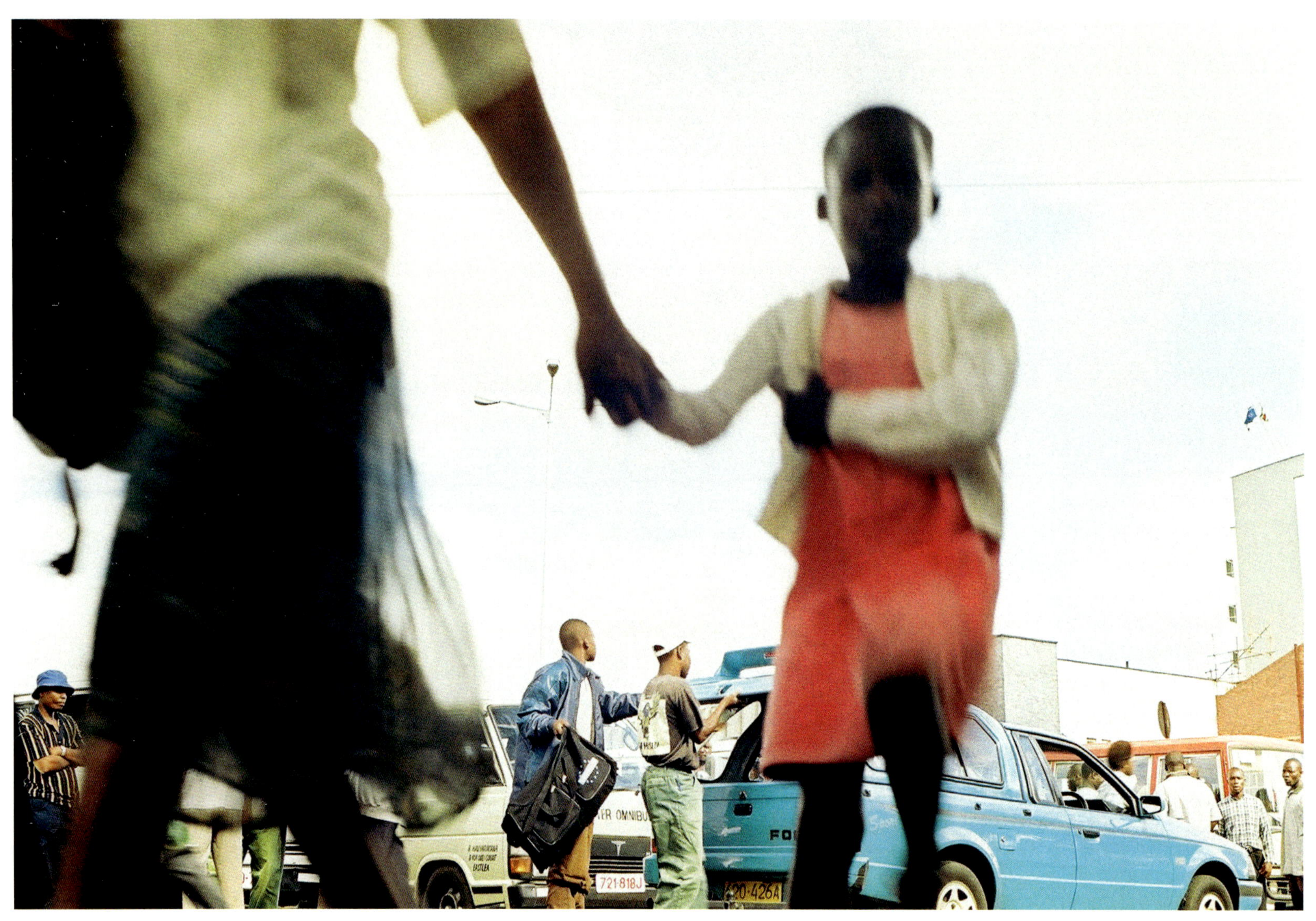
721·818J
20·426A

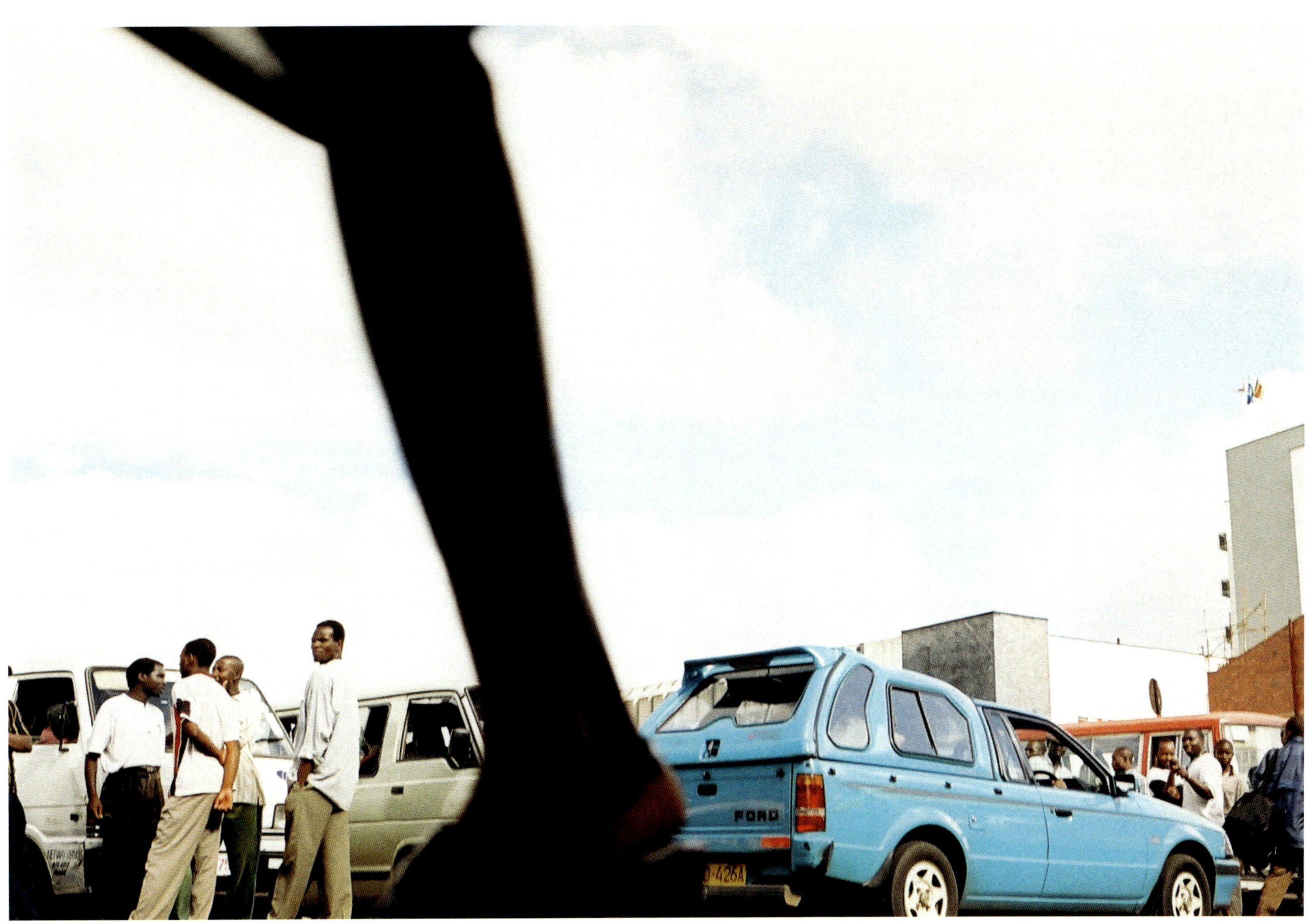
FORD

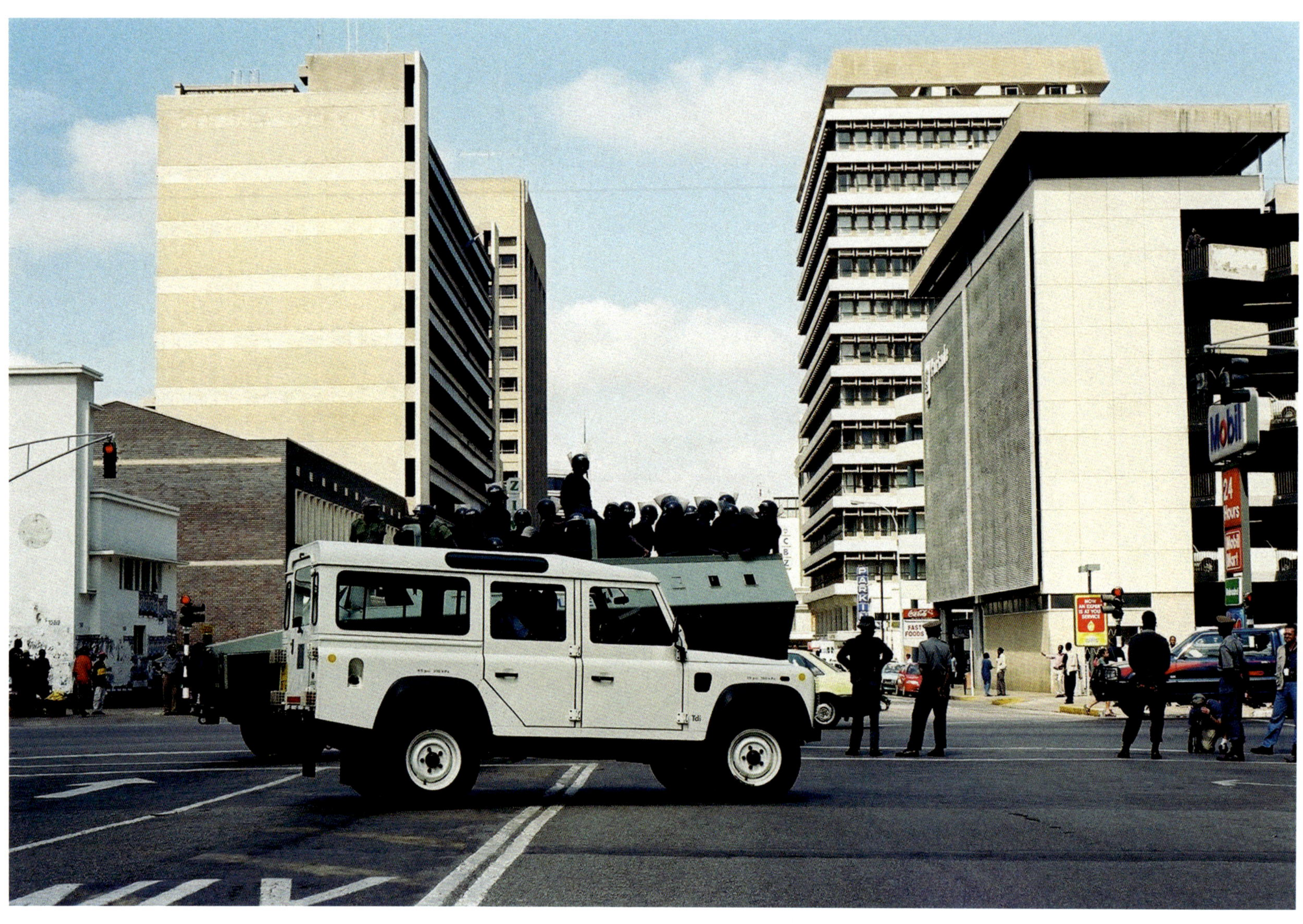
Mobil
24 Hours
PARKI

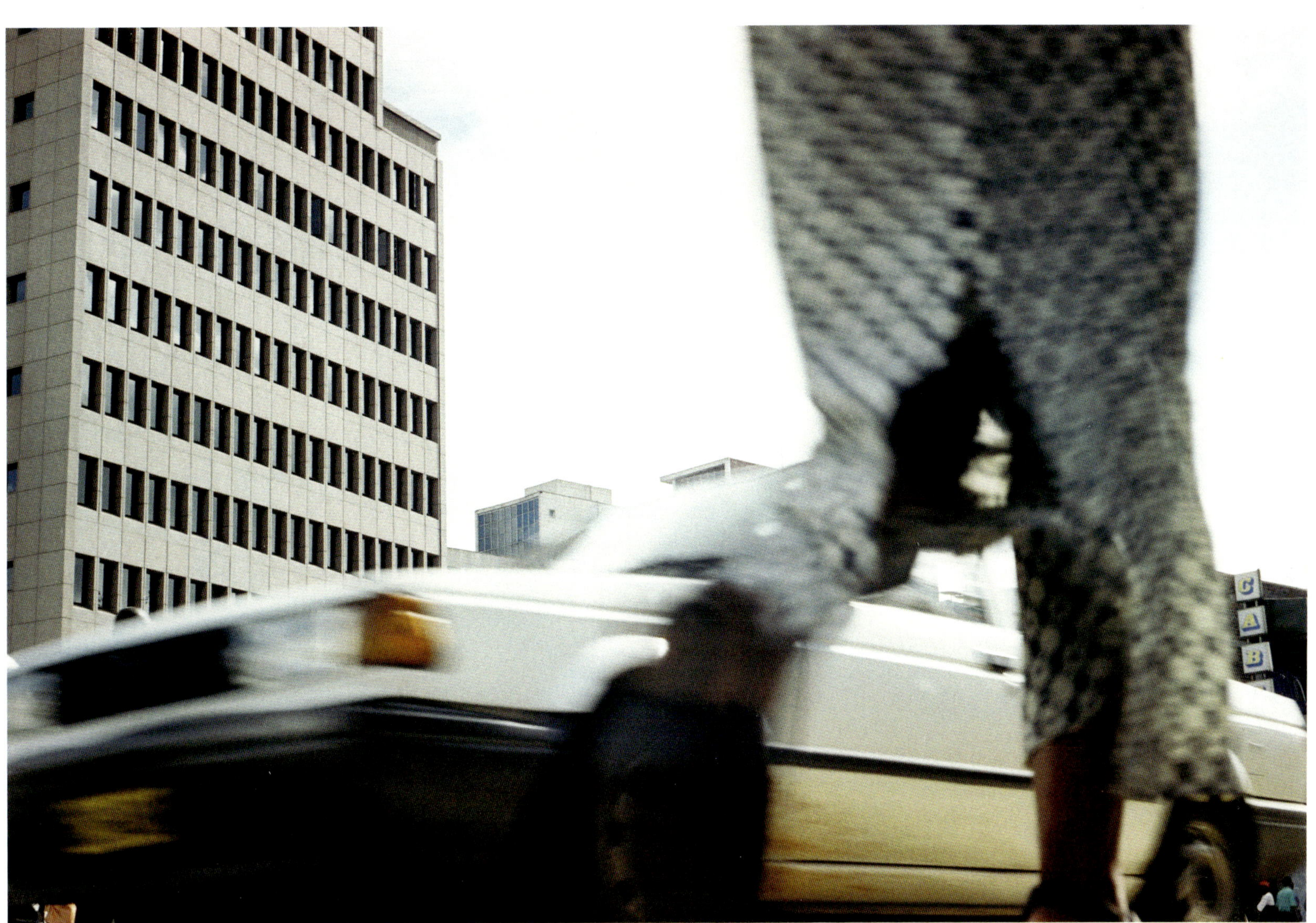
CAB

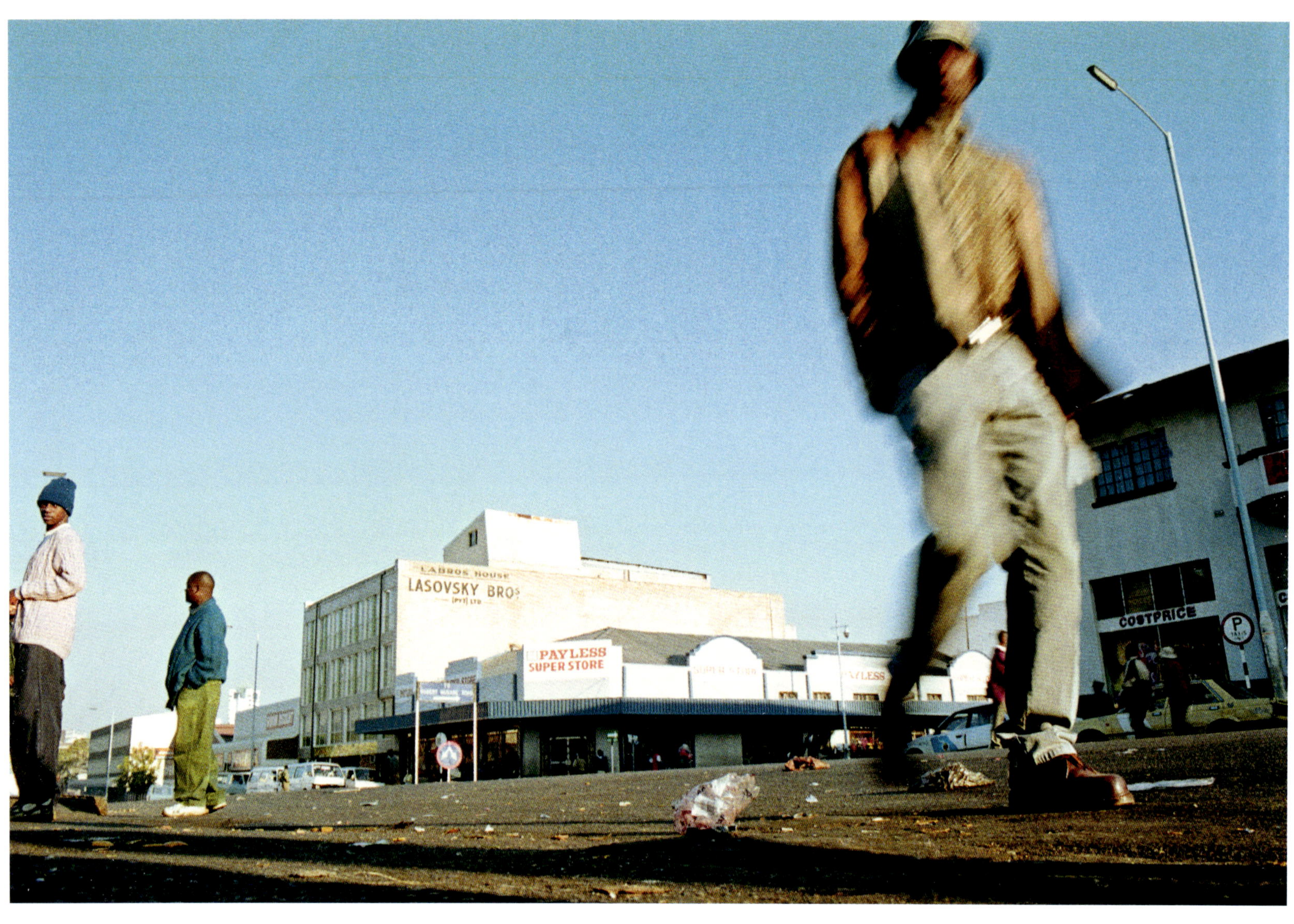
LABROS HOUSE
LASOVSKY BROS
PAYLESS
SUPER STORE
COSTPRICE

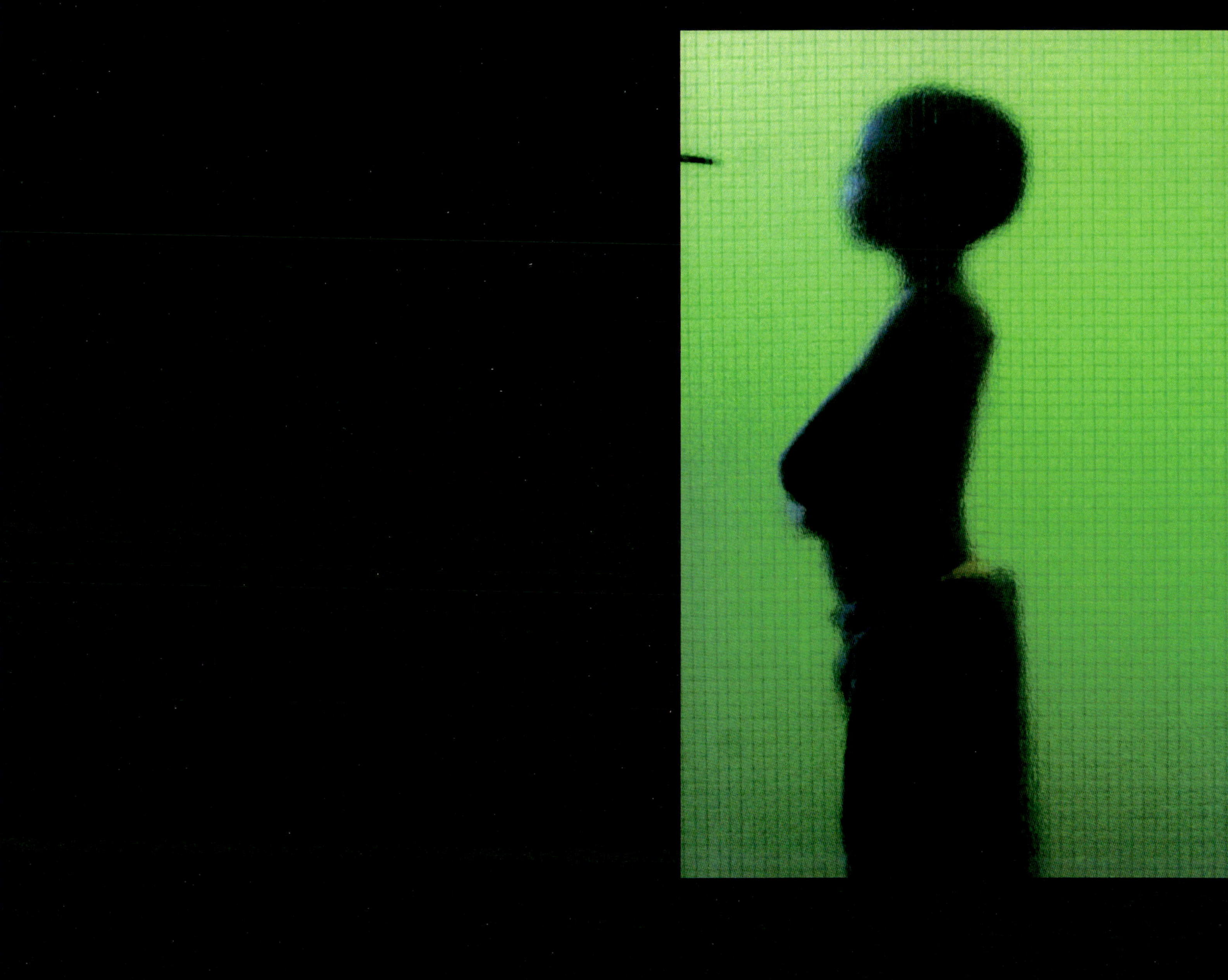

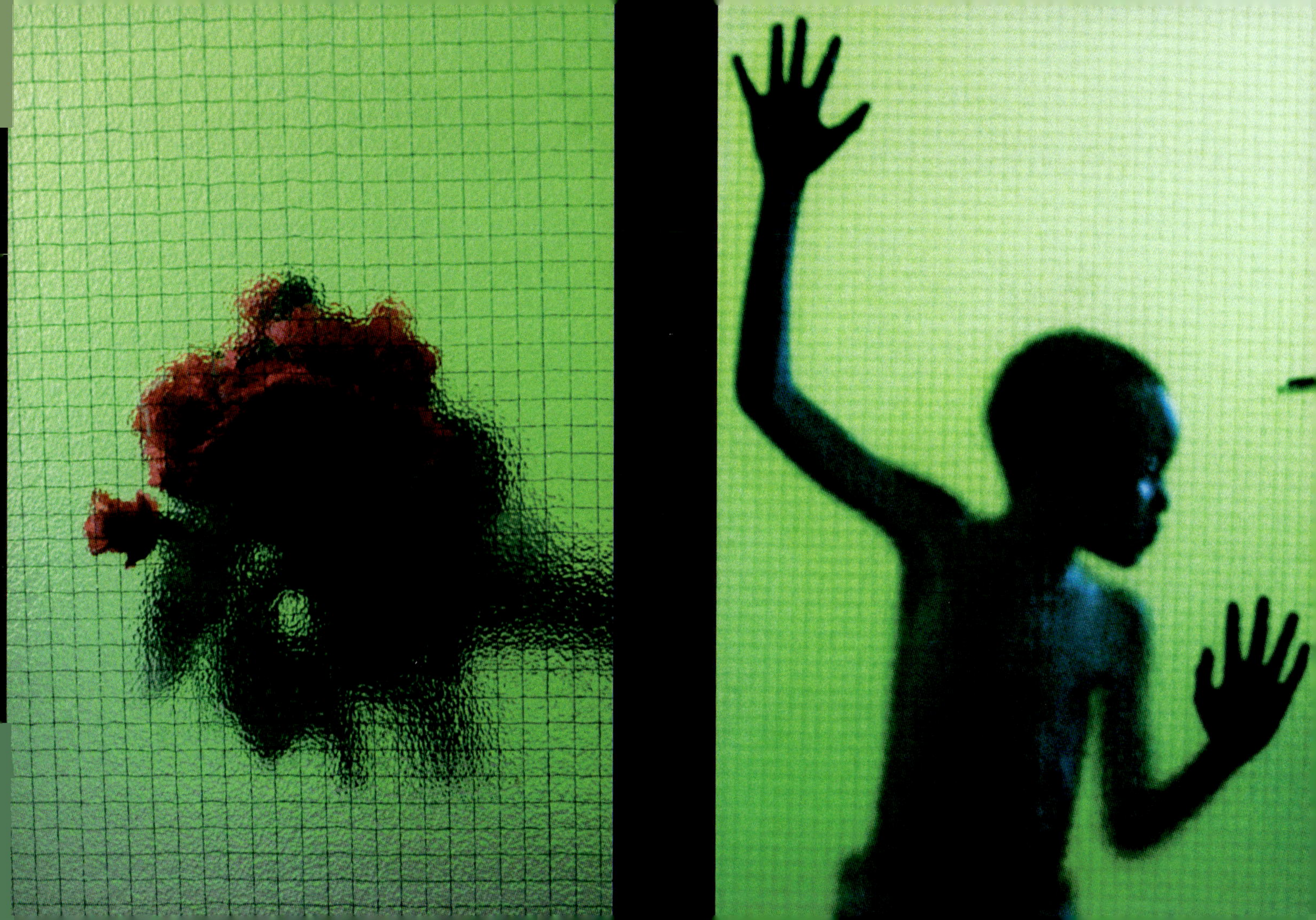

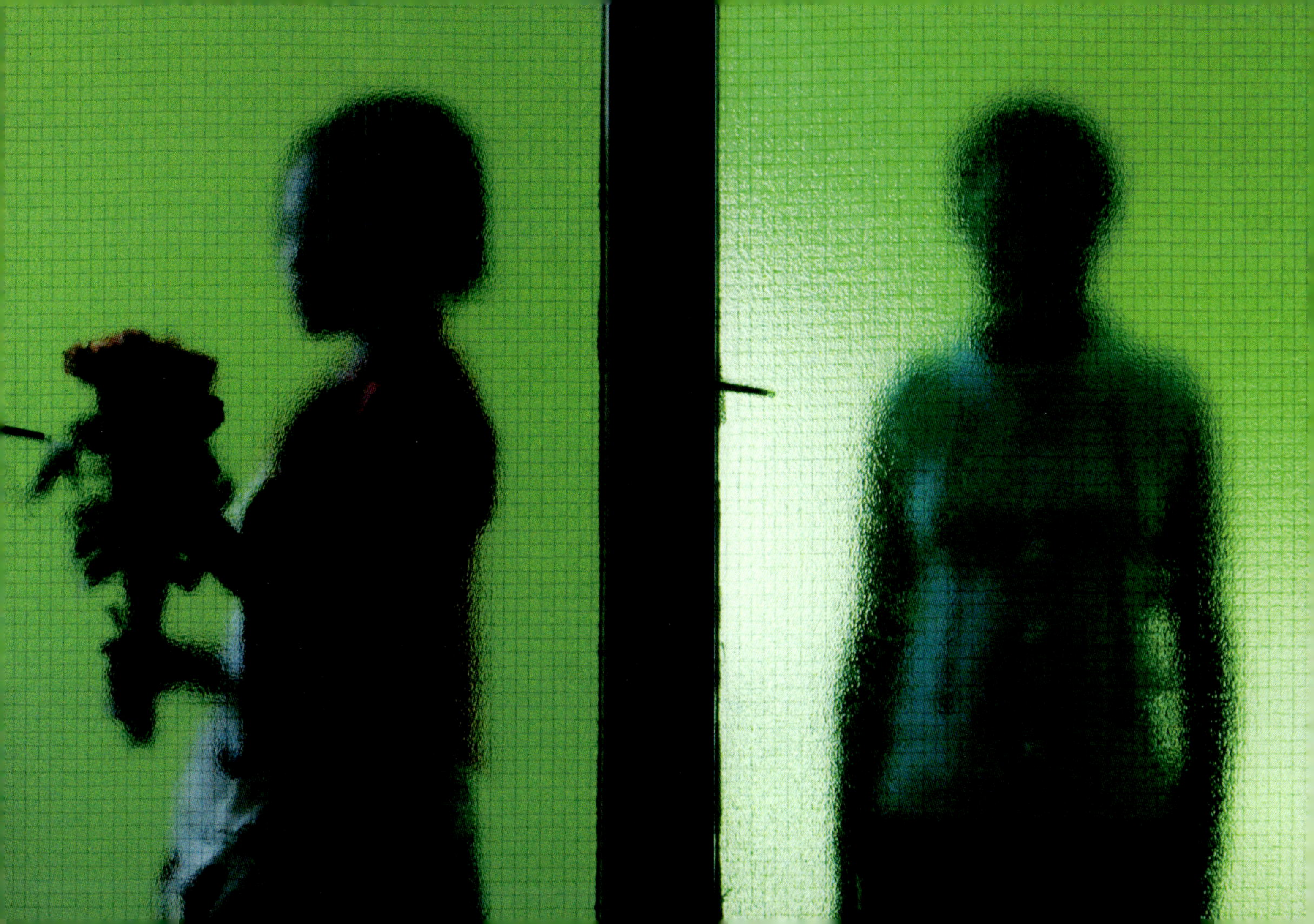

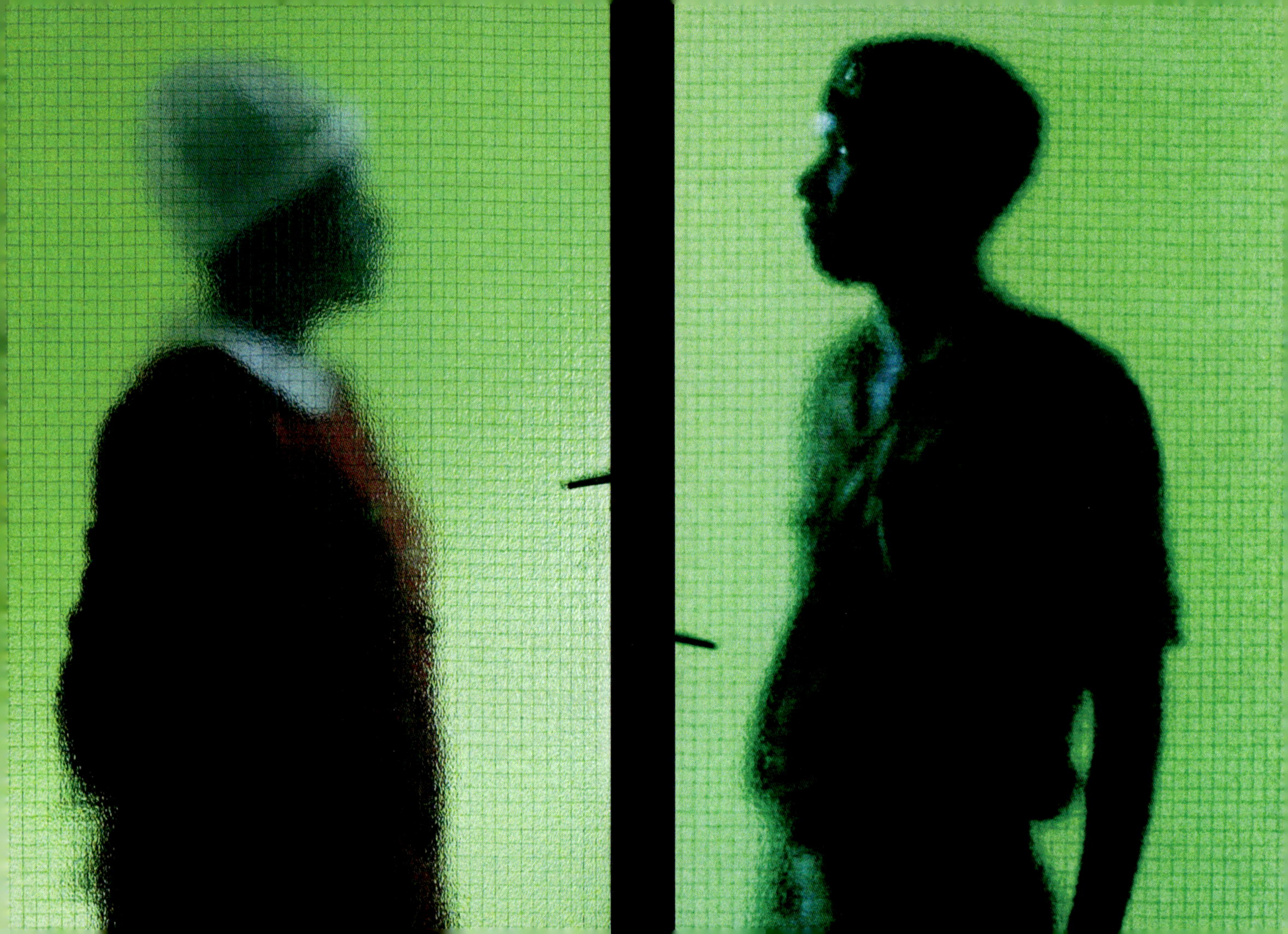

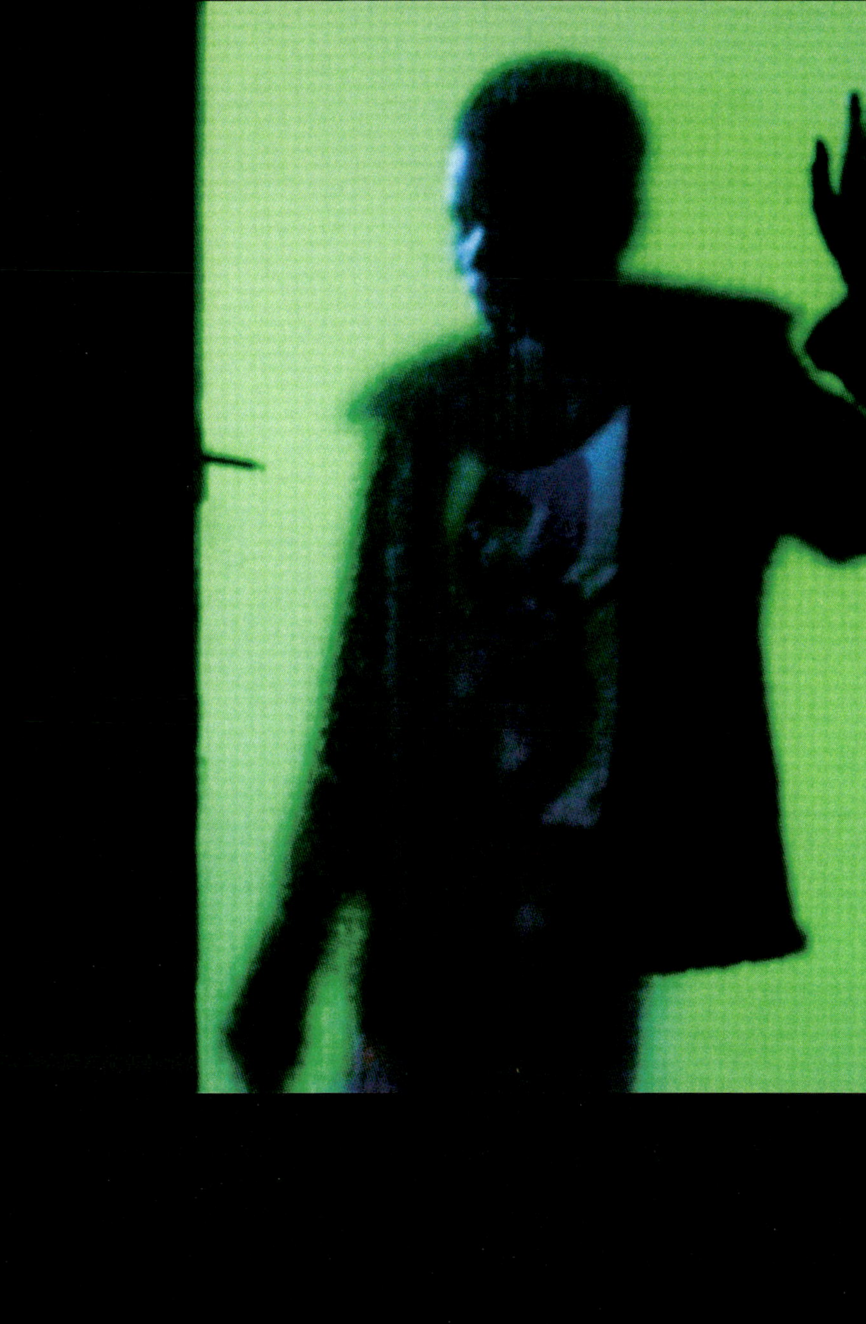

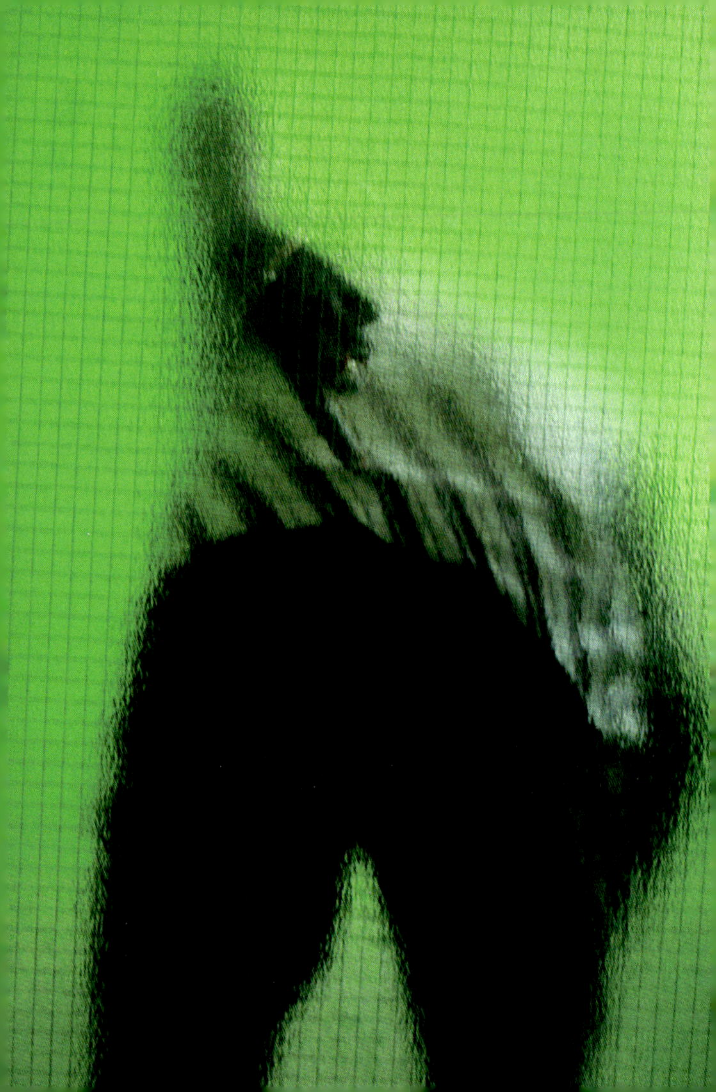

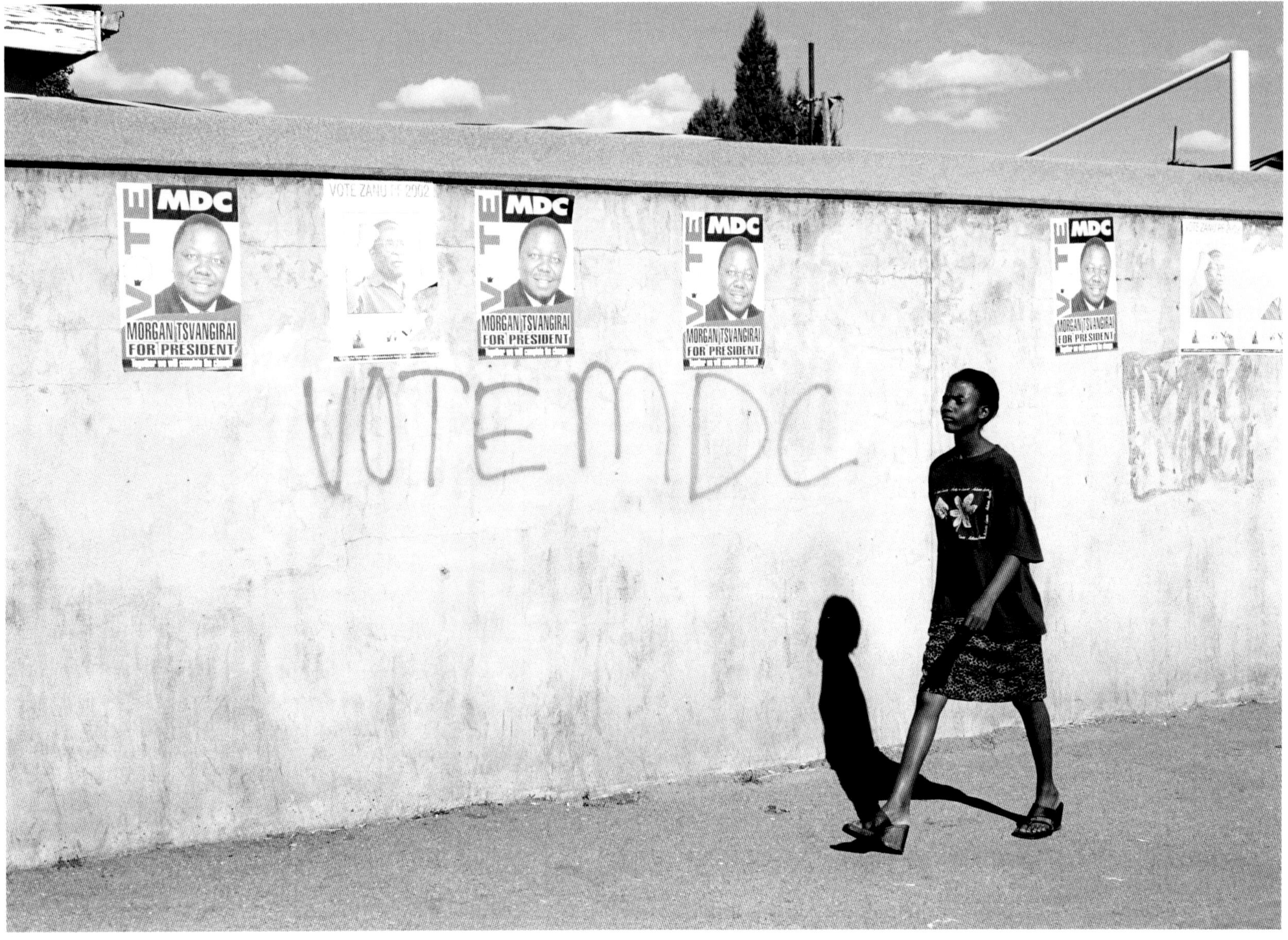
MDC
MORGAN TSVANGIRAI
FOR PRESIDENT
VOTE ZANU PF 2002
MDC
MORGAN TSVANGIRAI
FOR PRESIDENT
MDC
MORGAN TSVANGIRAI
FOR PRESIDENT
MDC
MORGAN TSVANGIRAI
FOR PRESIDENT
VOTE MDC

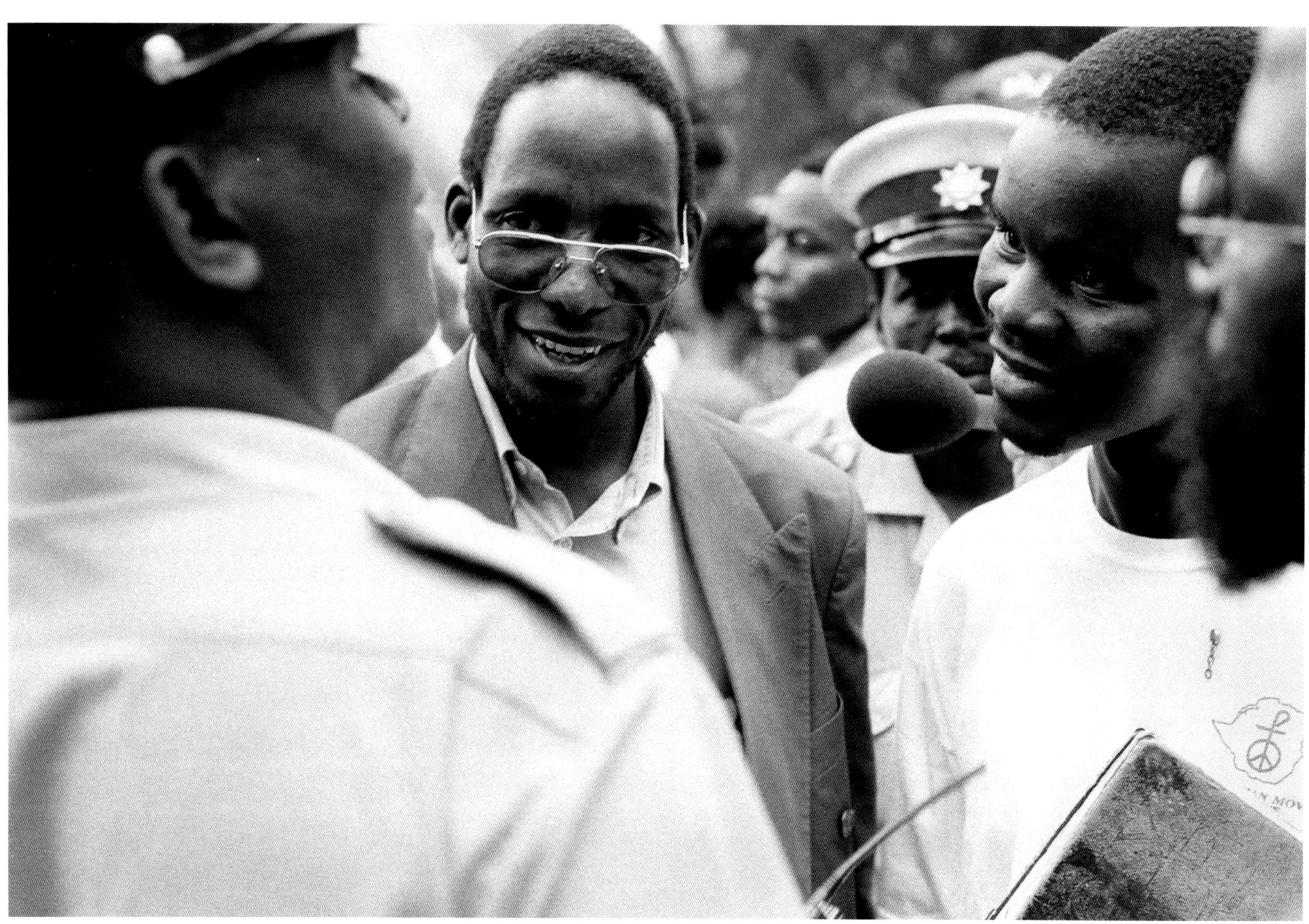

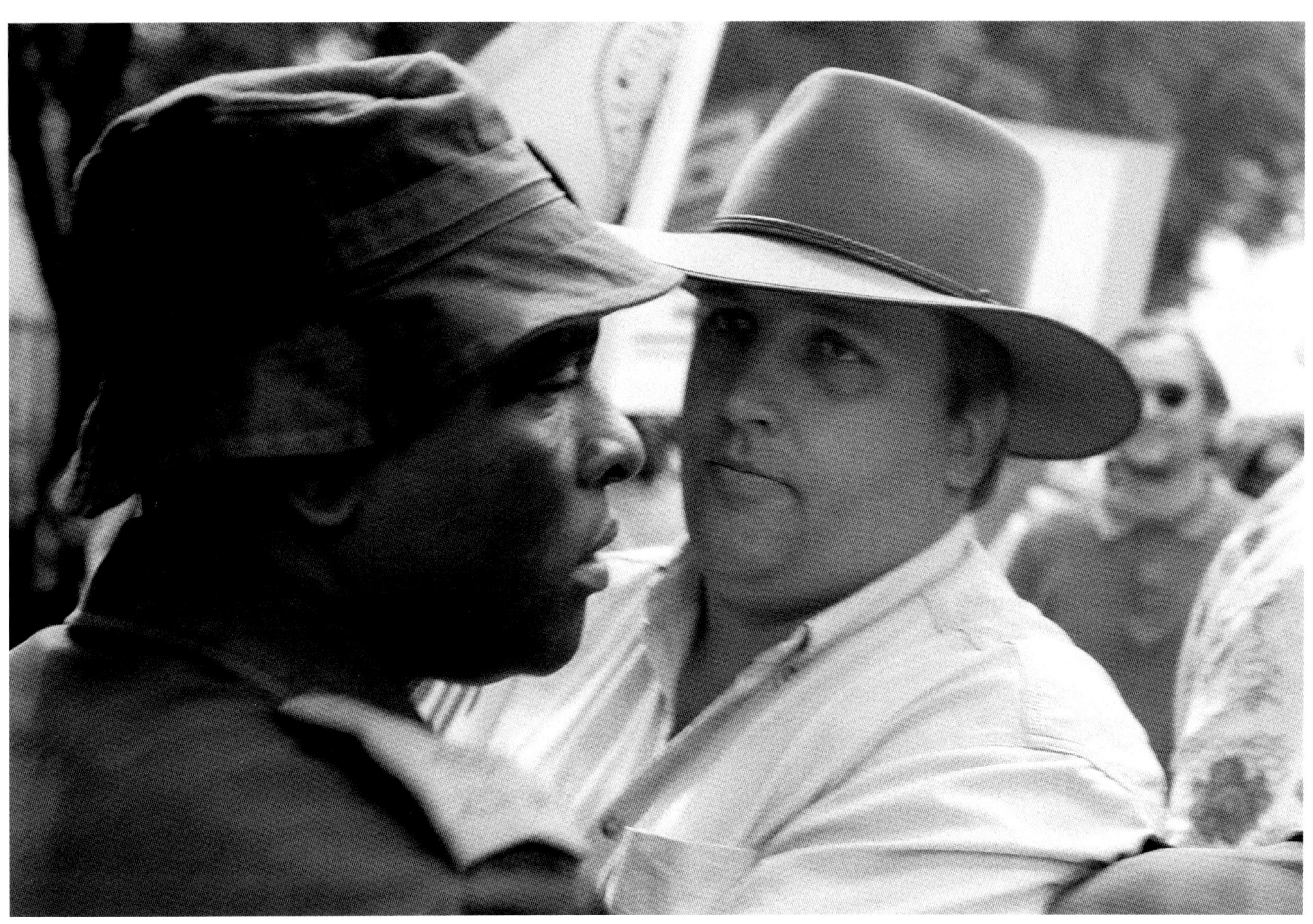

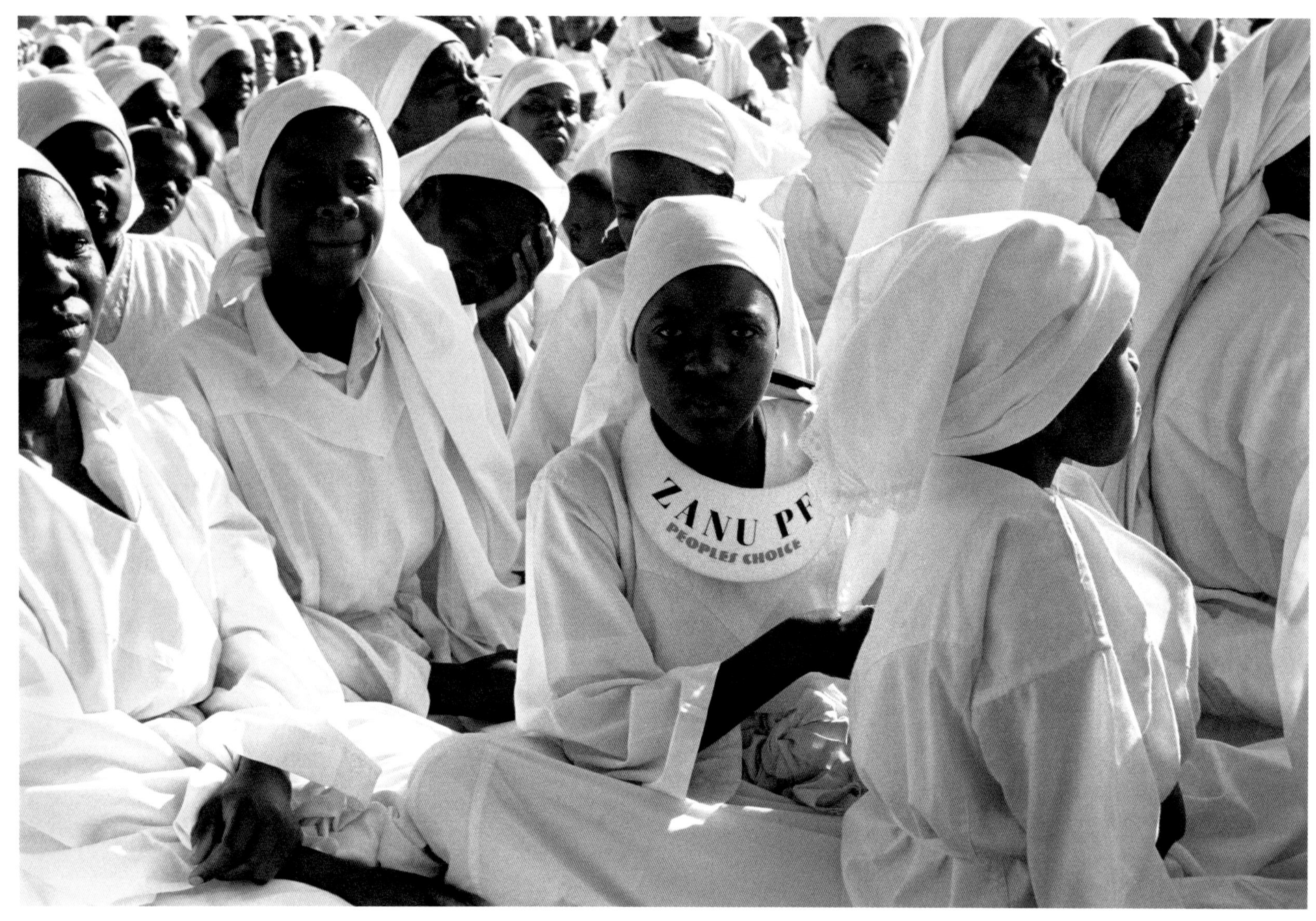
ZANU PF
PEOPLES CHOICE

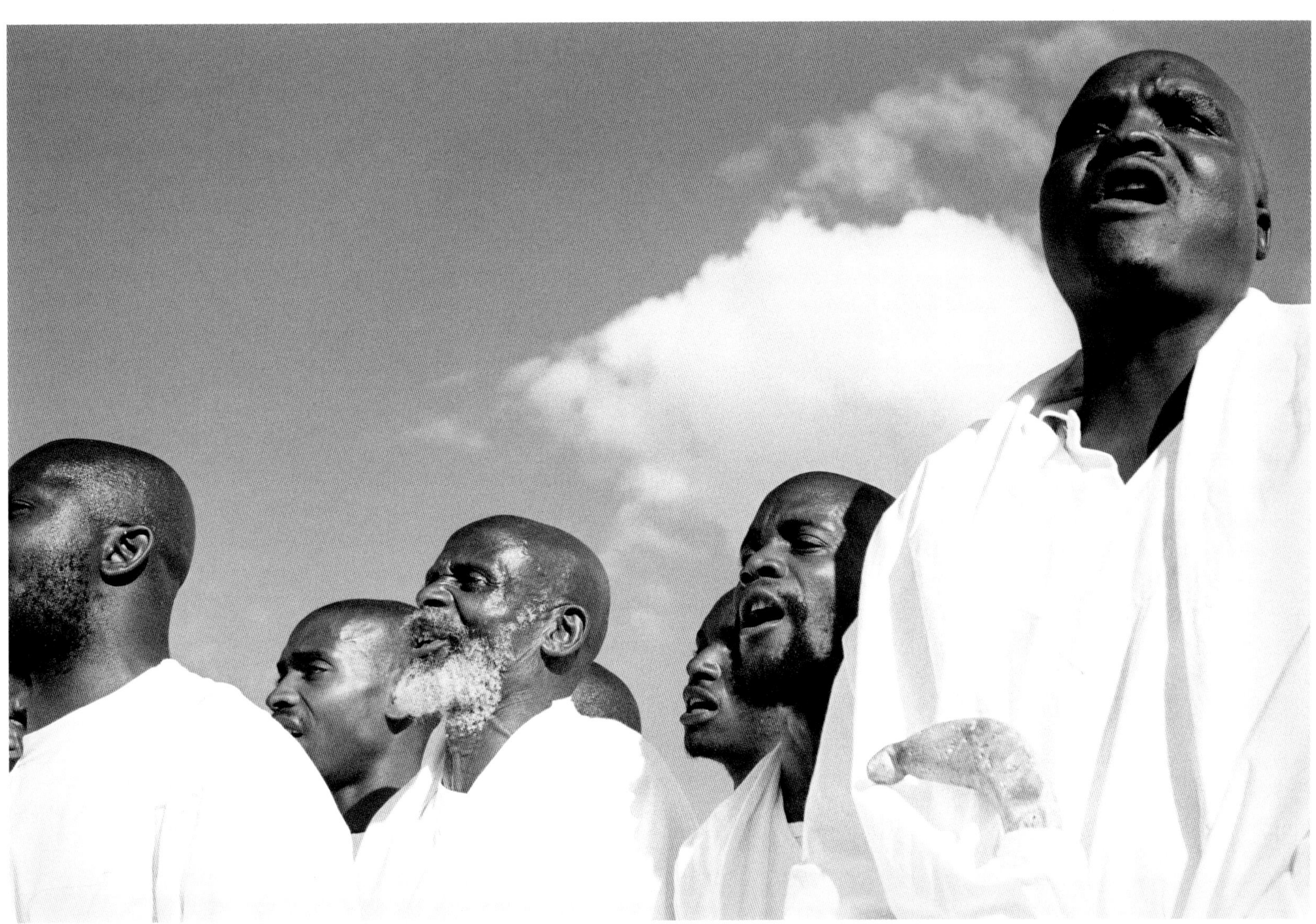

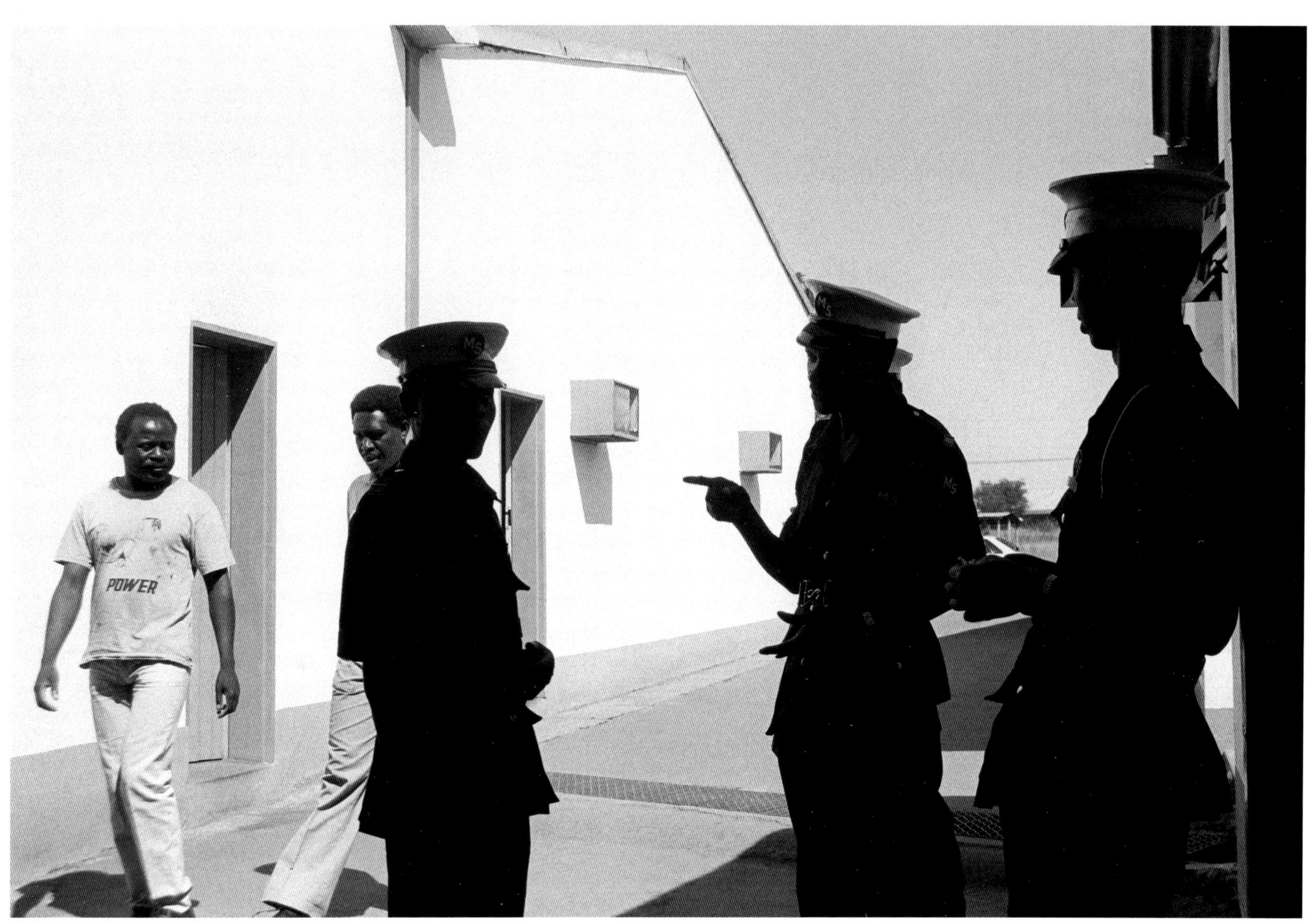
POWER
MS

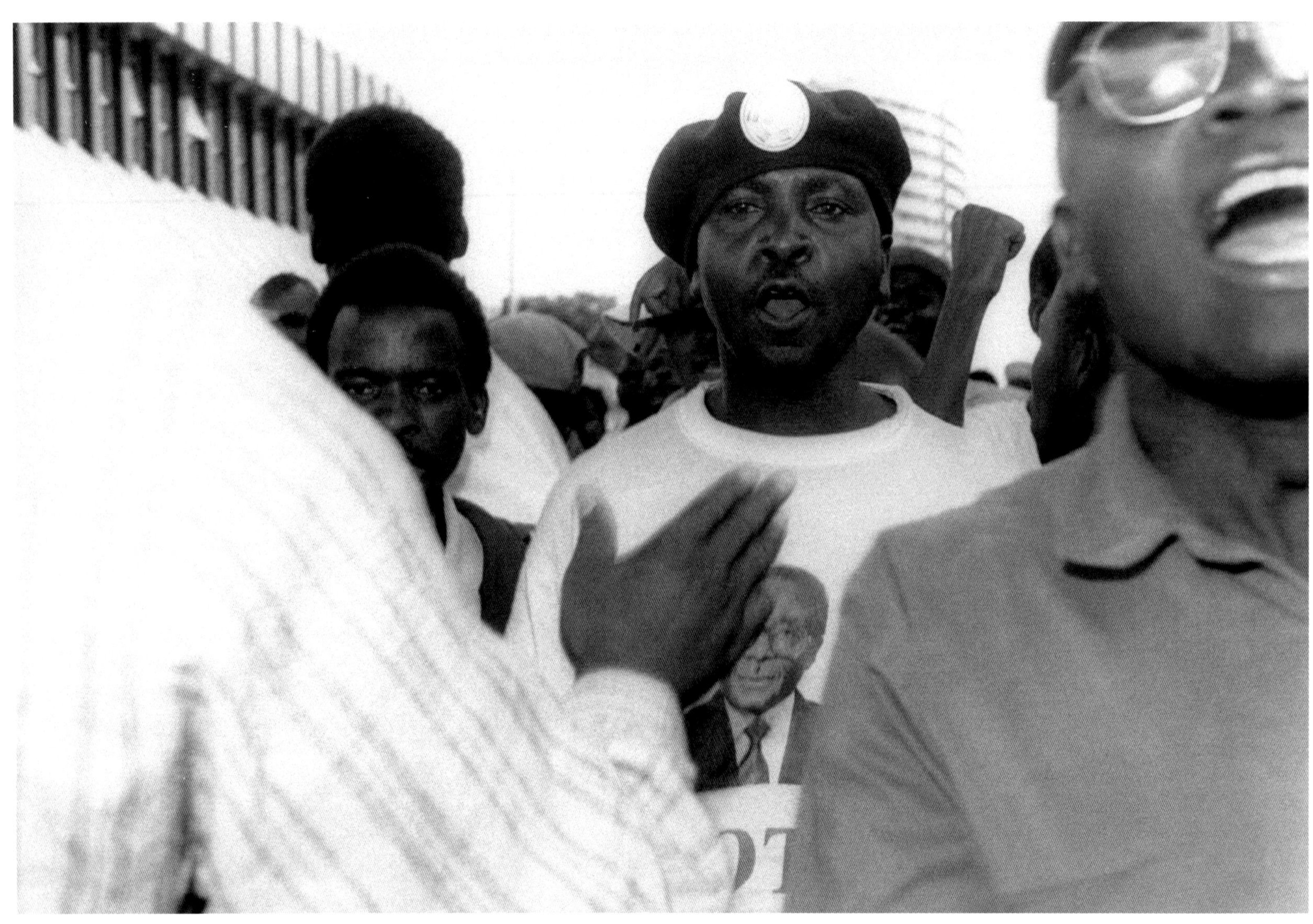

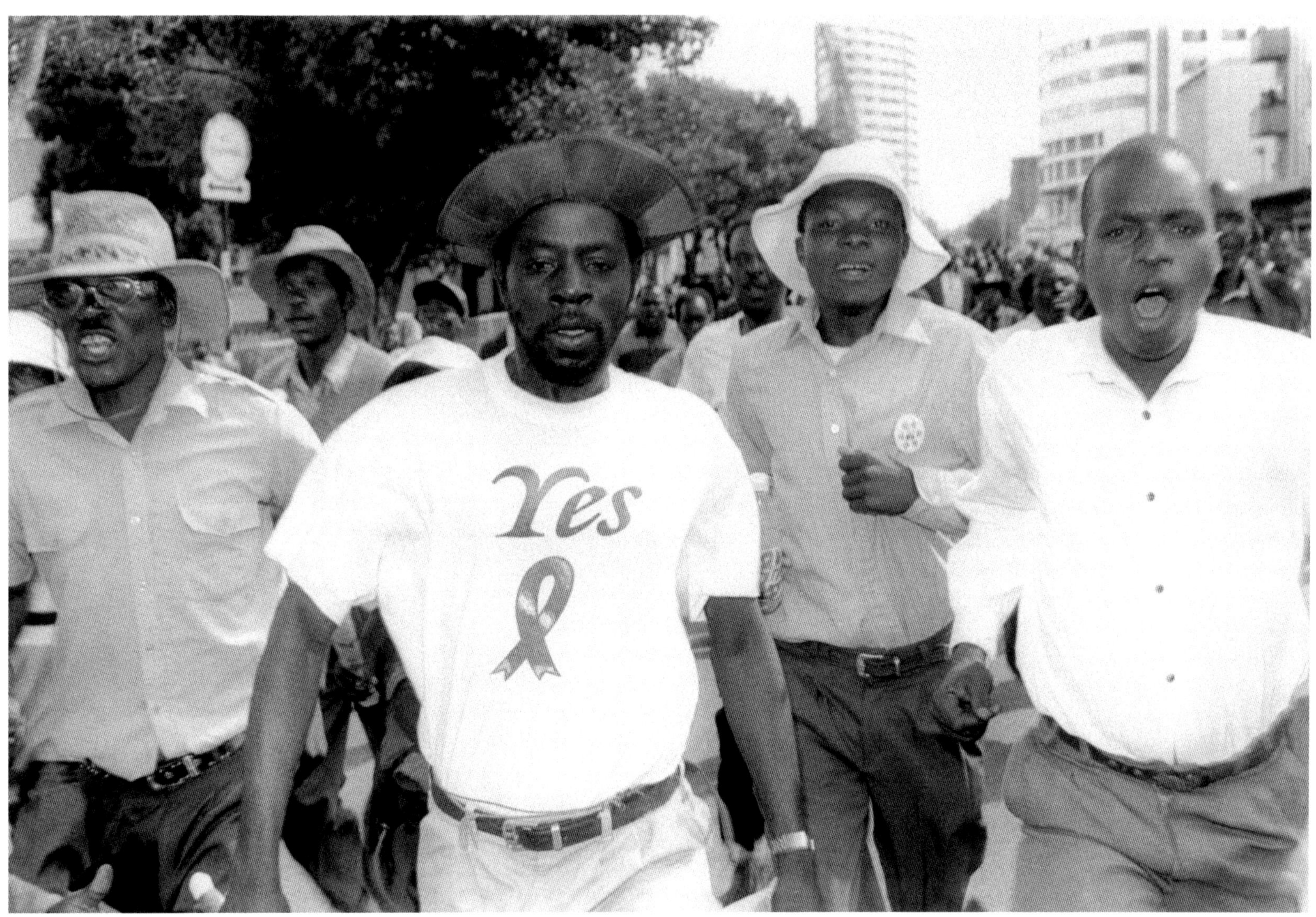
Yes

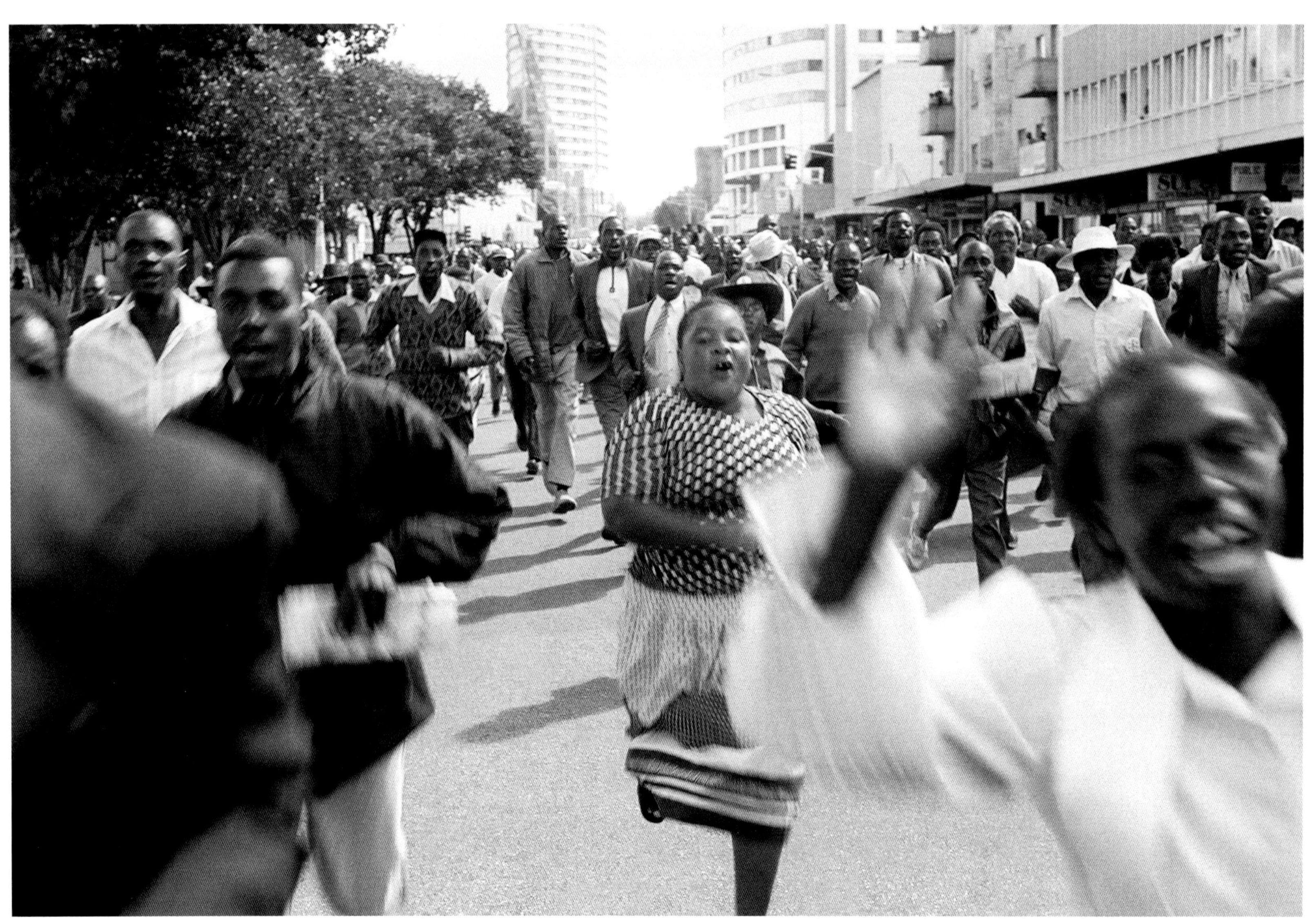

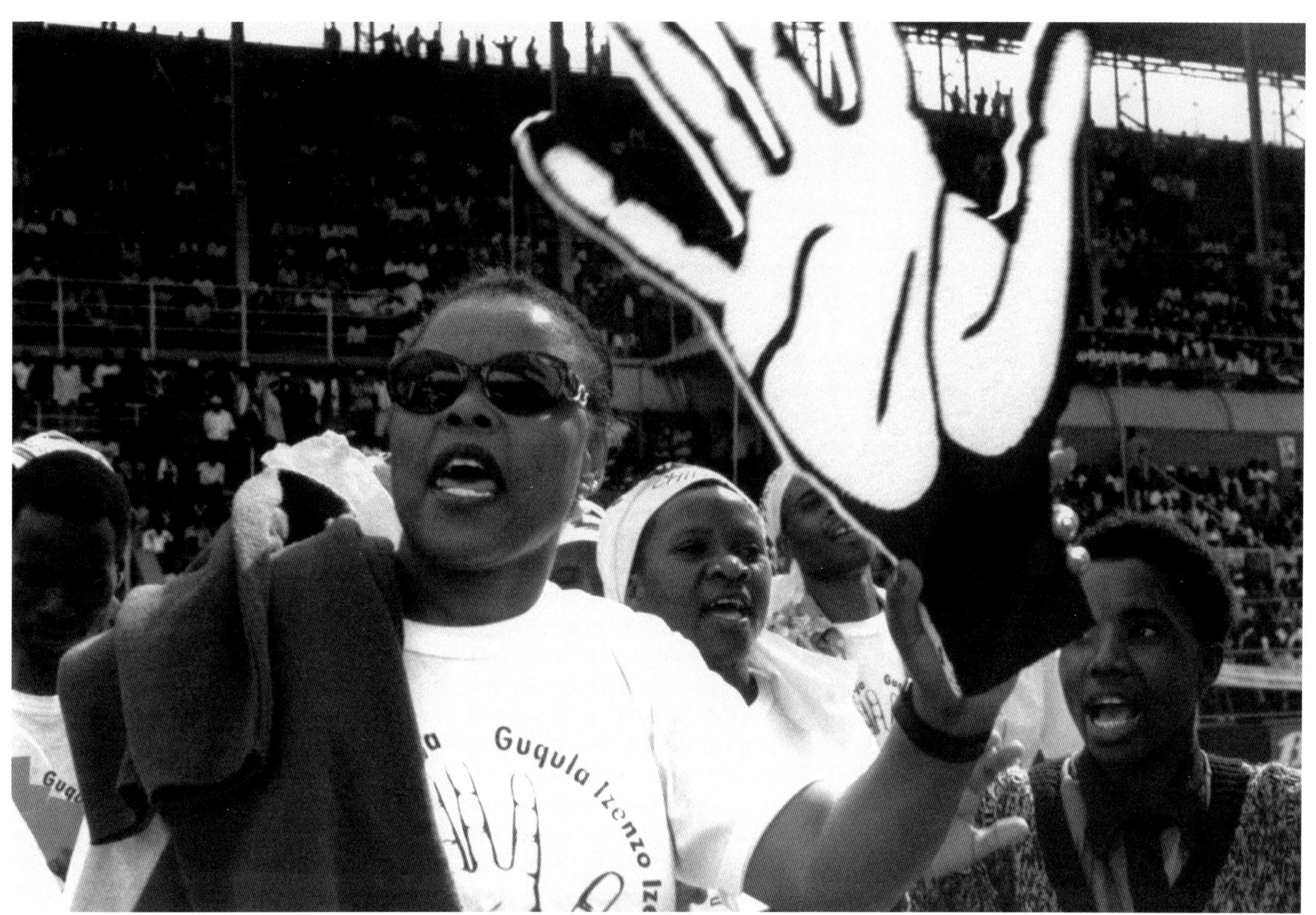
Guqula Izenzo

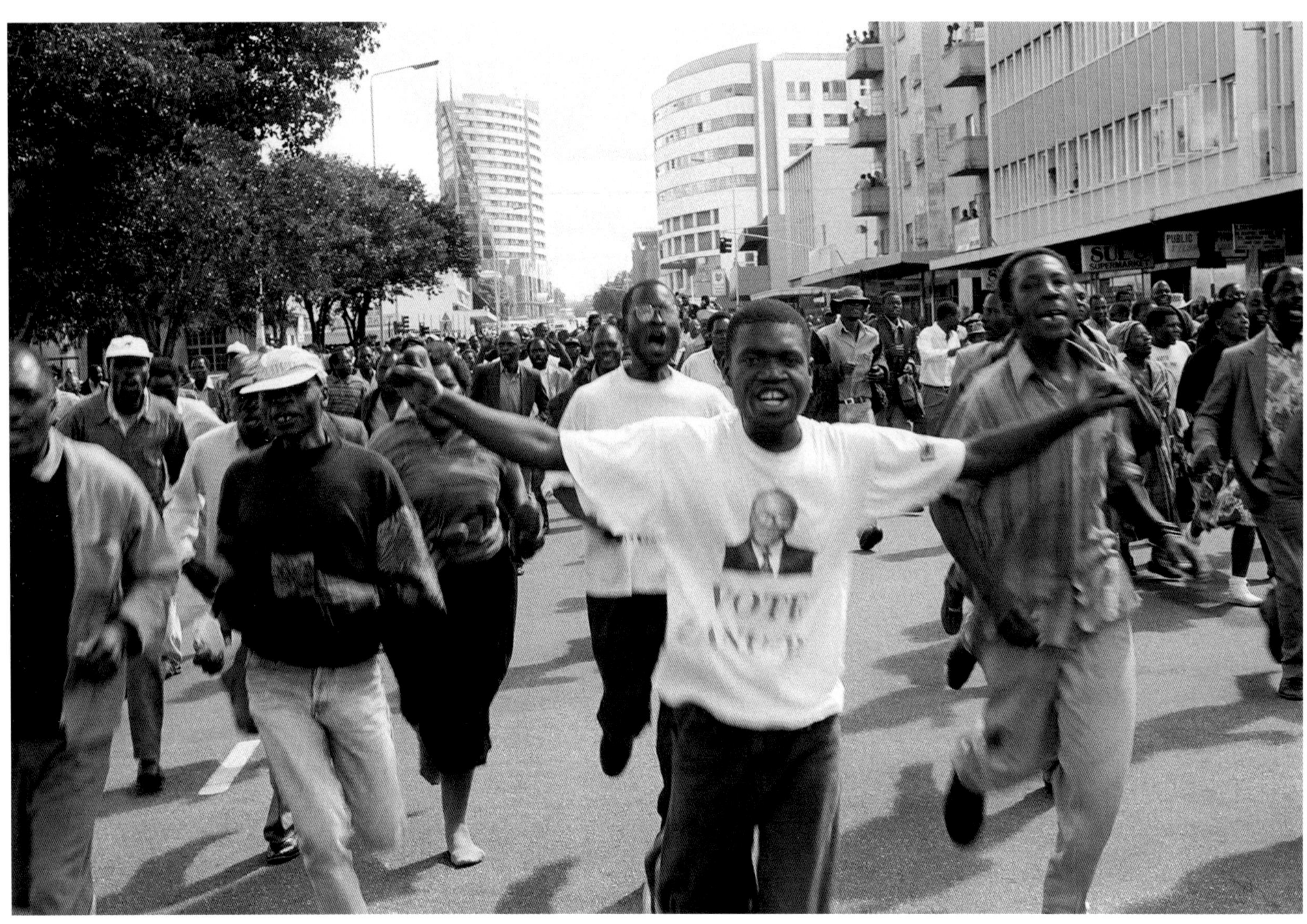
PUBLIC
SUPERMARKET

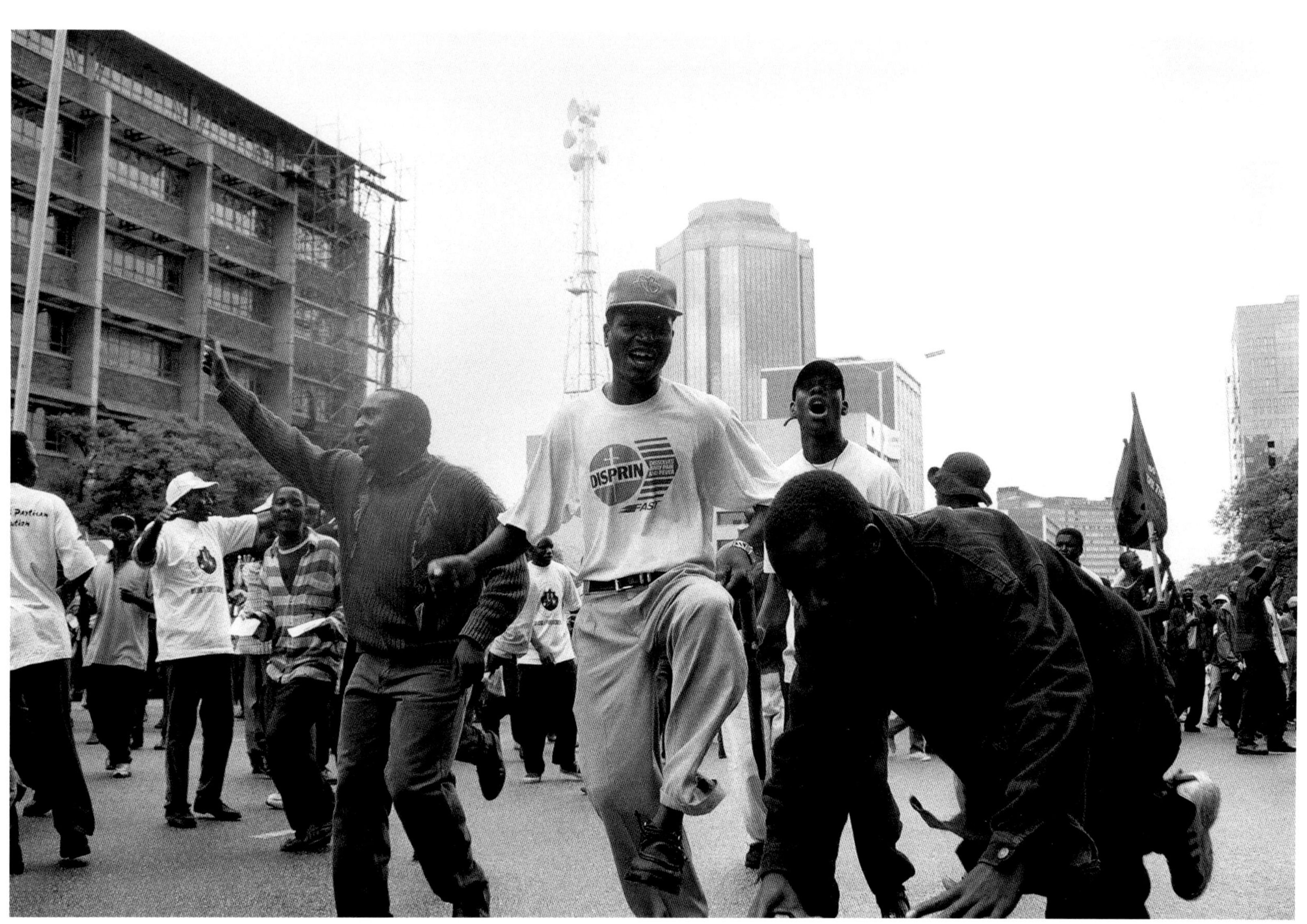
DISPRIN
FAST

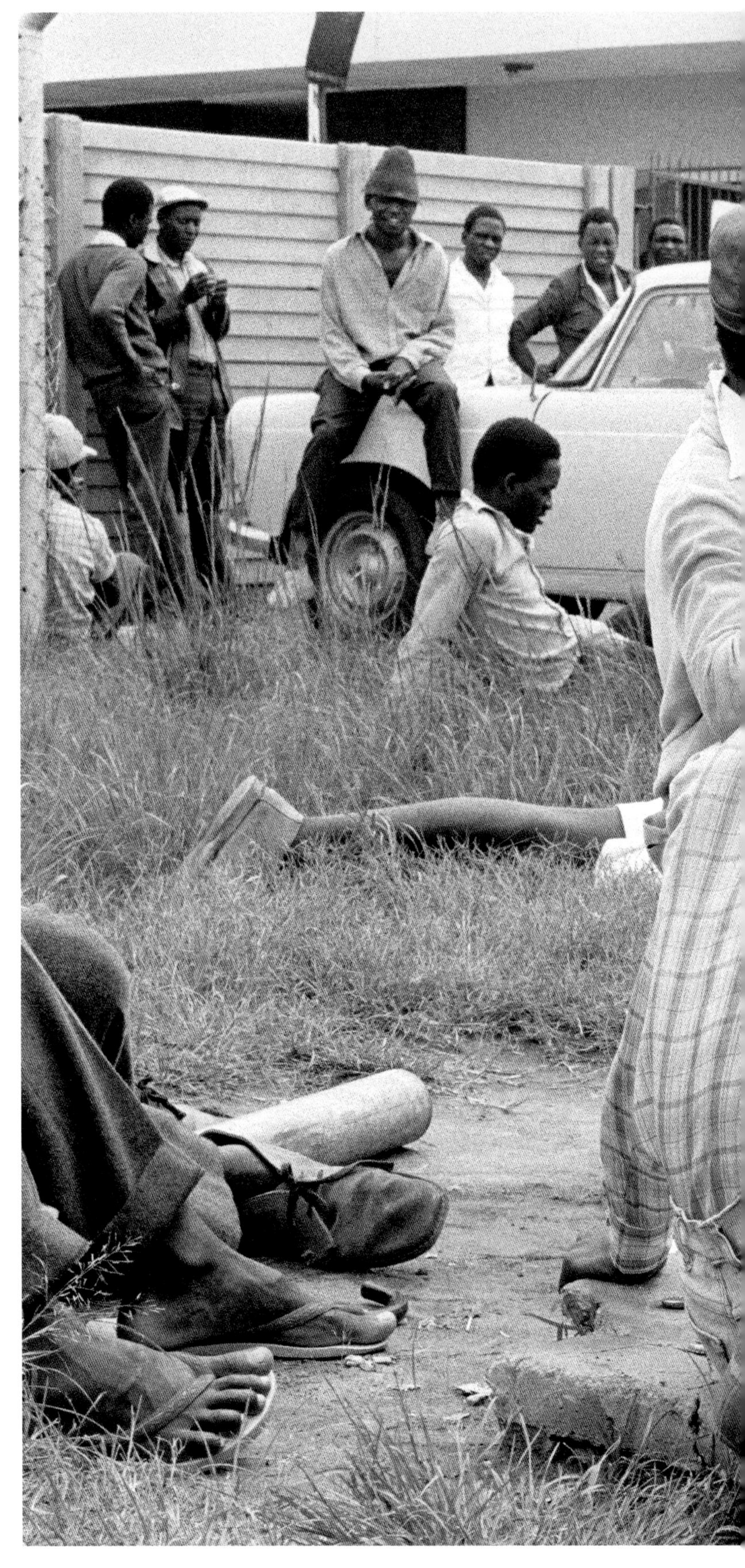

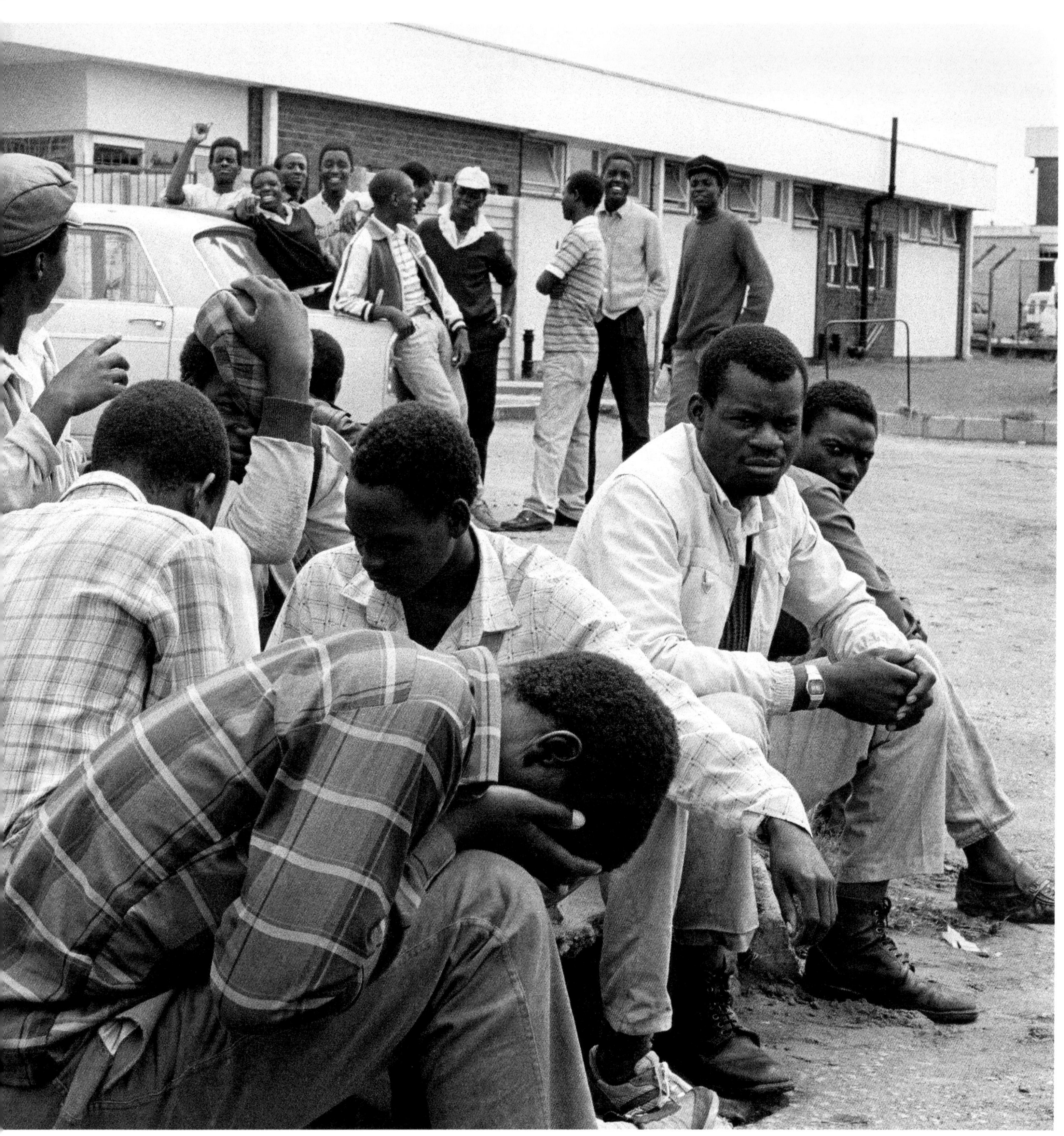

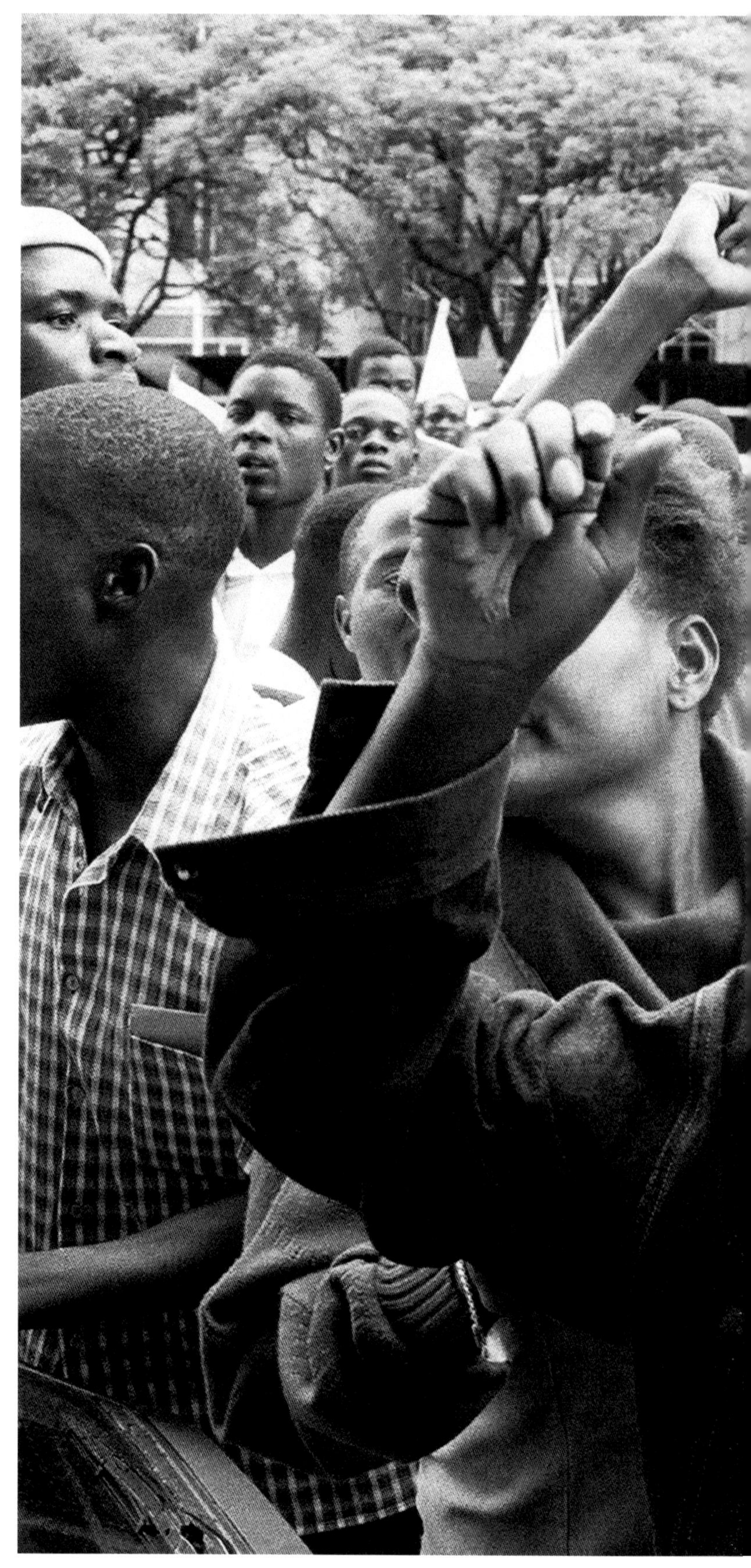

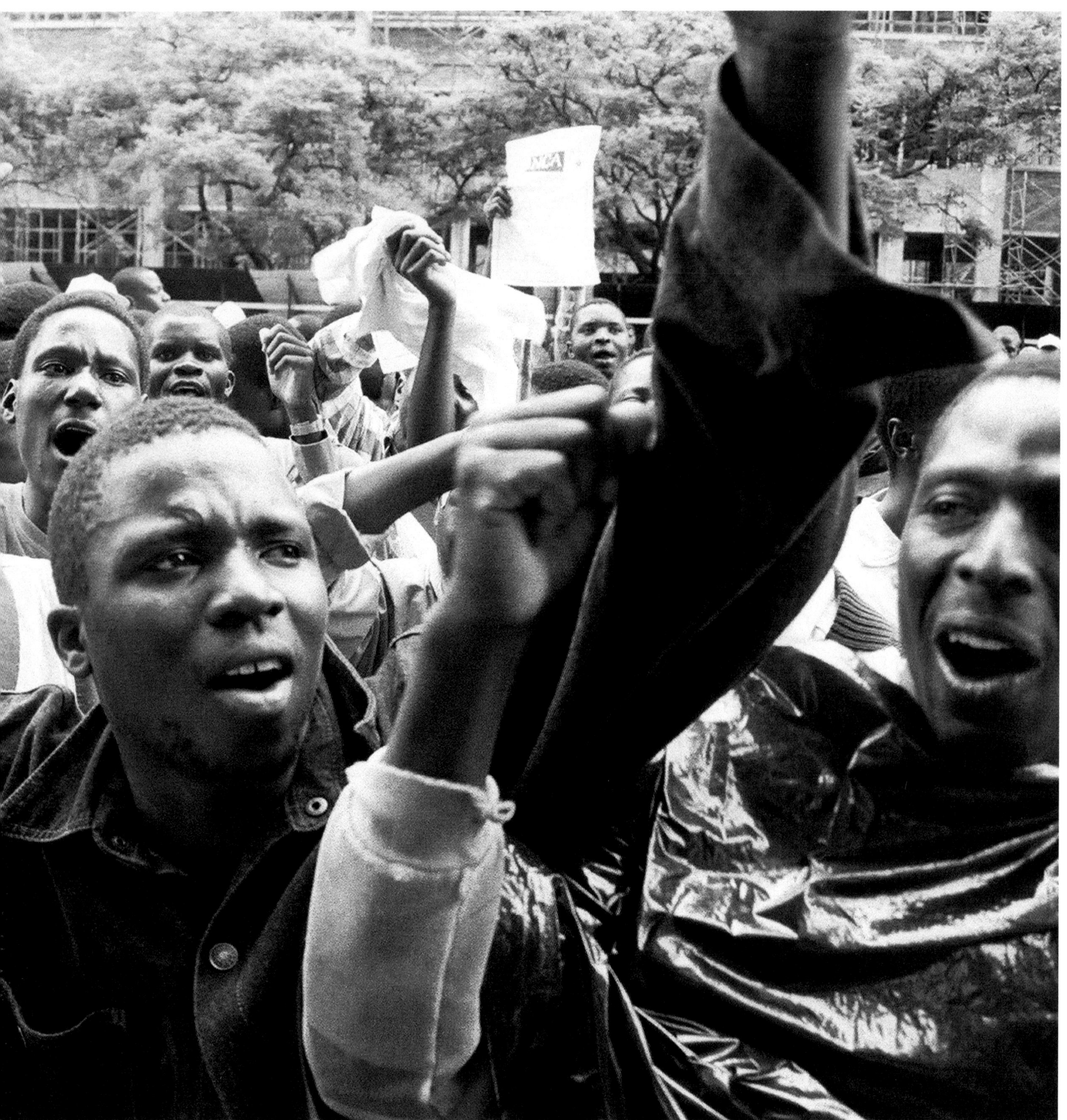

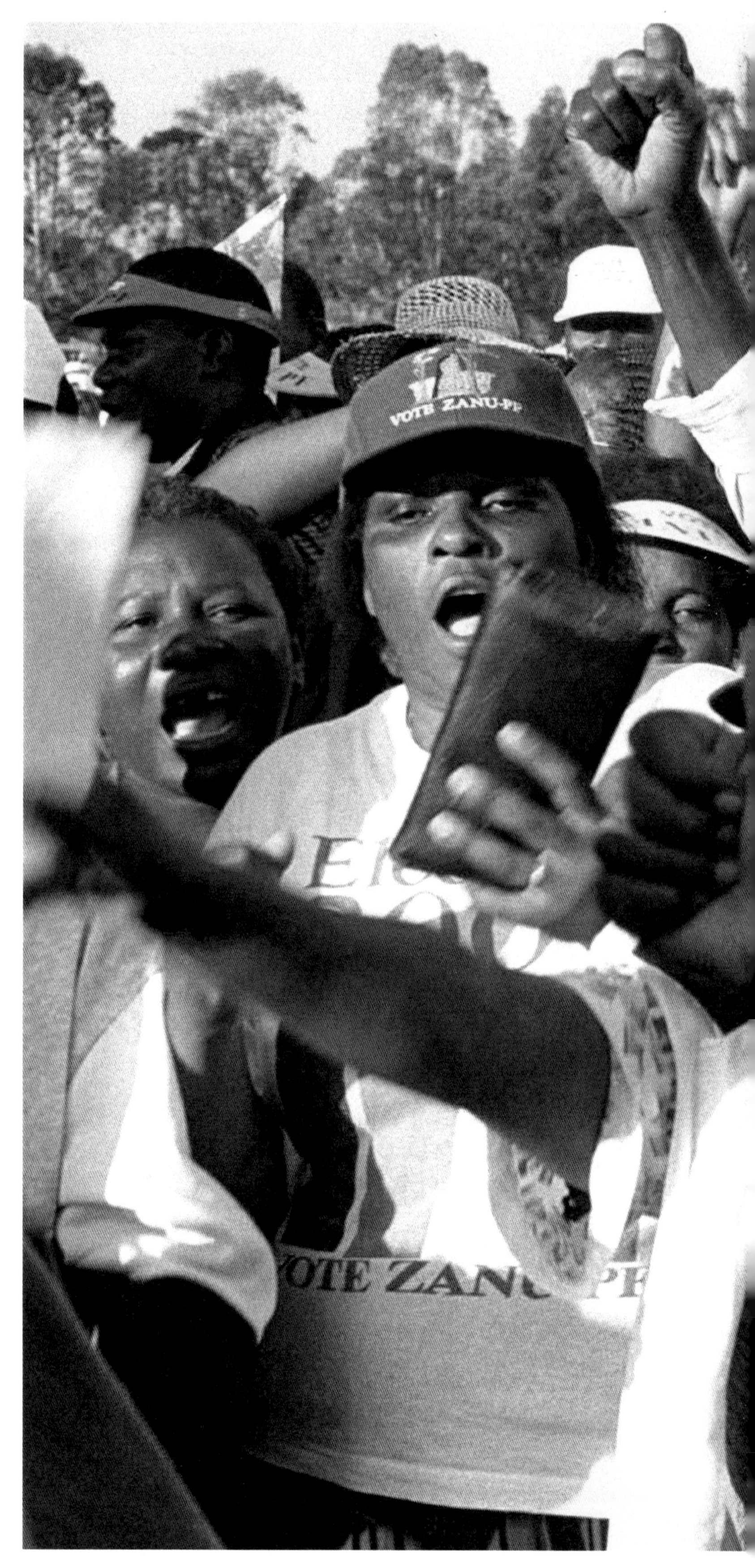
VOTE ZANU-PF

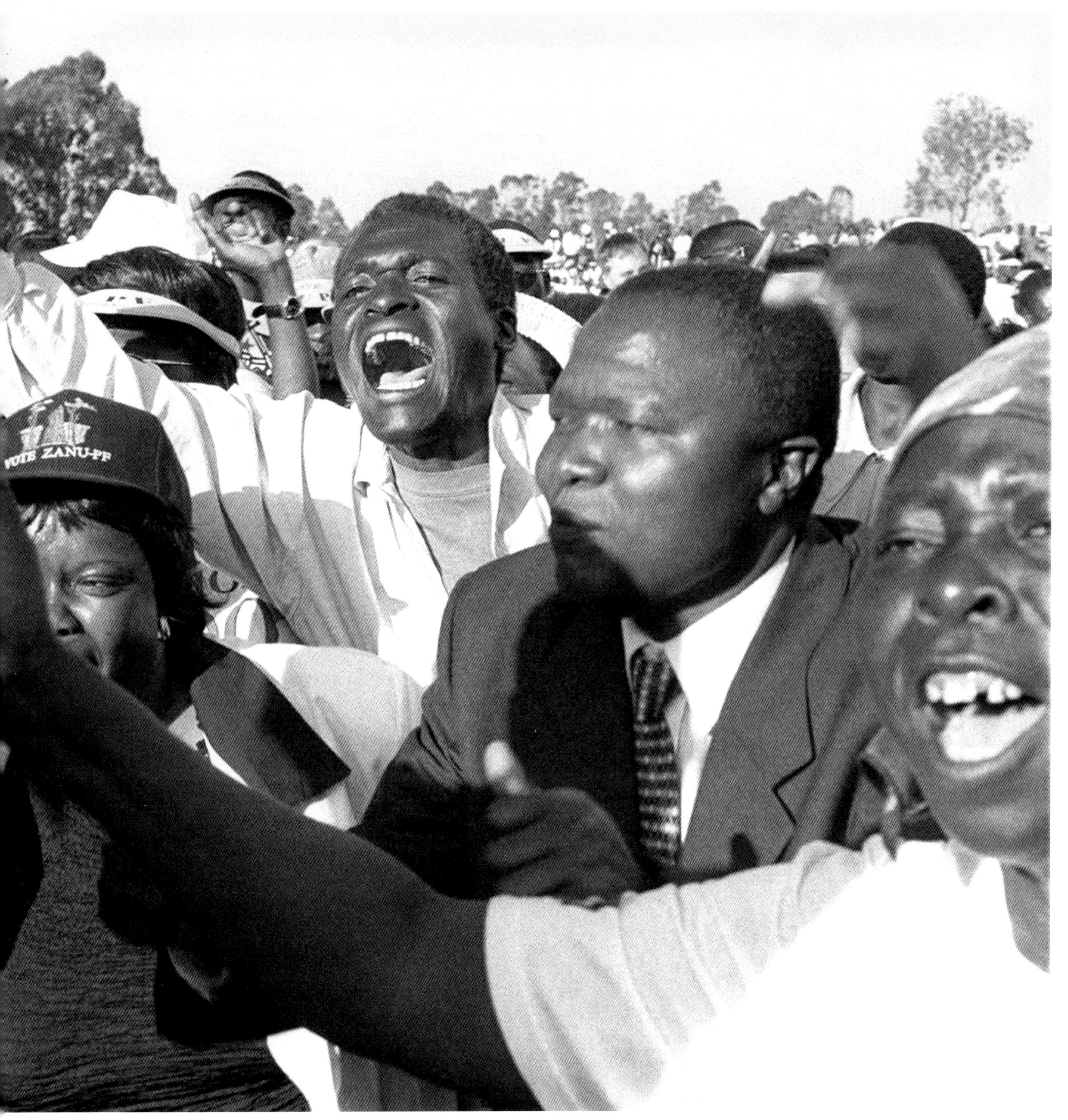
VOTE ZANU-PF

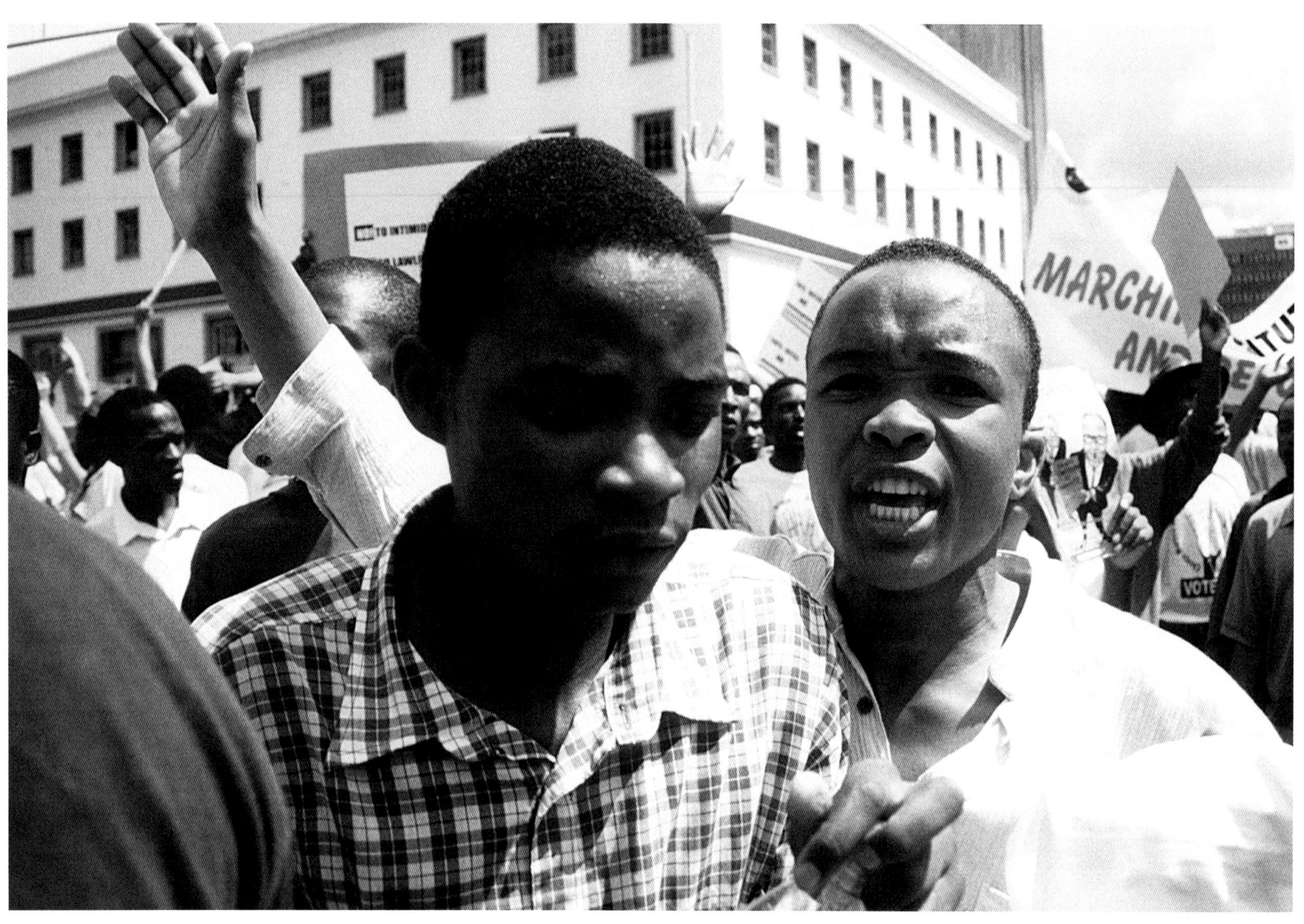
VOTE

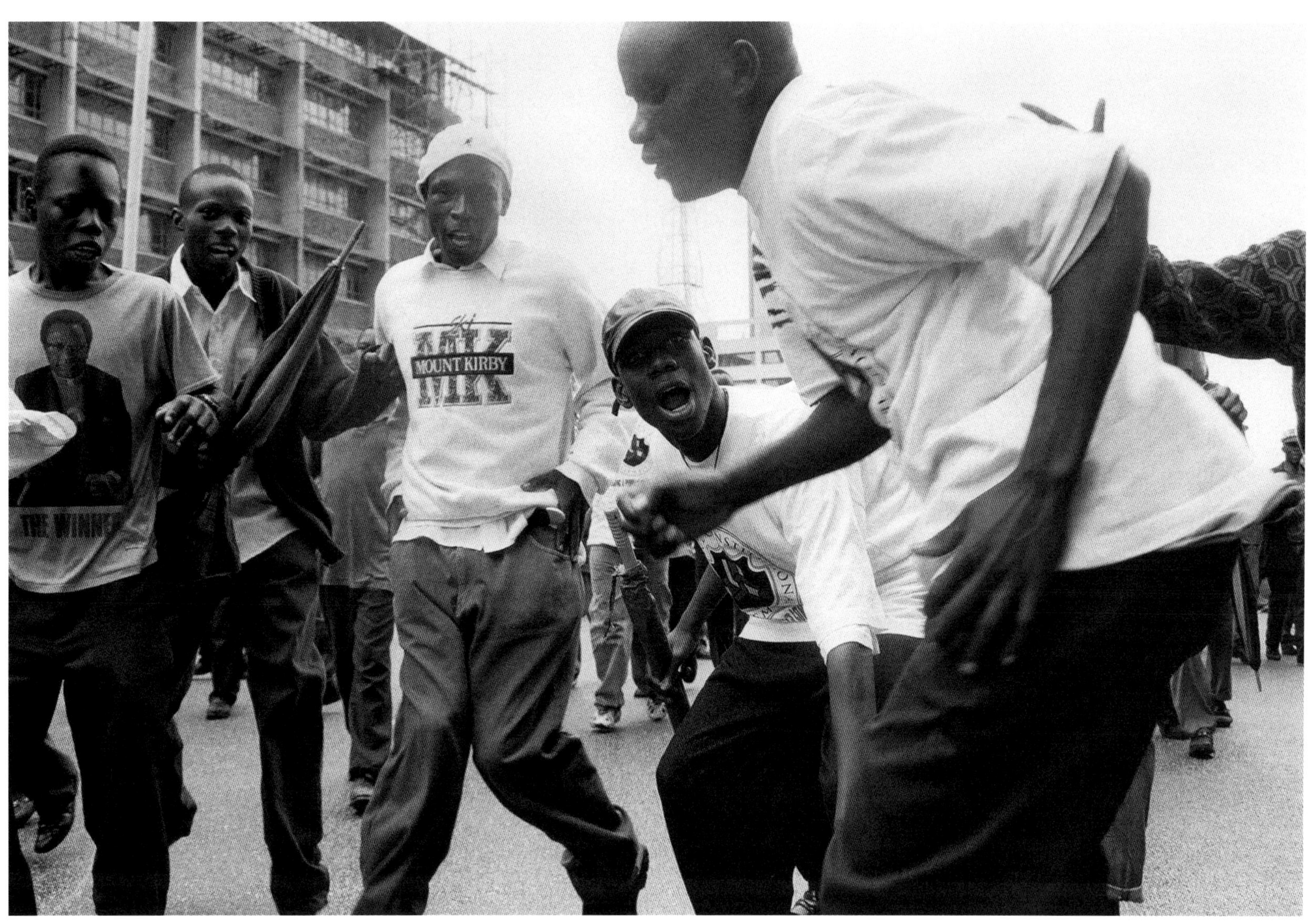
MOUNT KIRBY

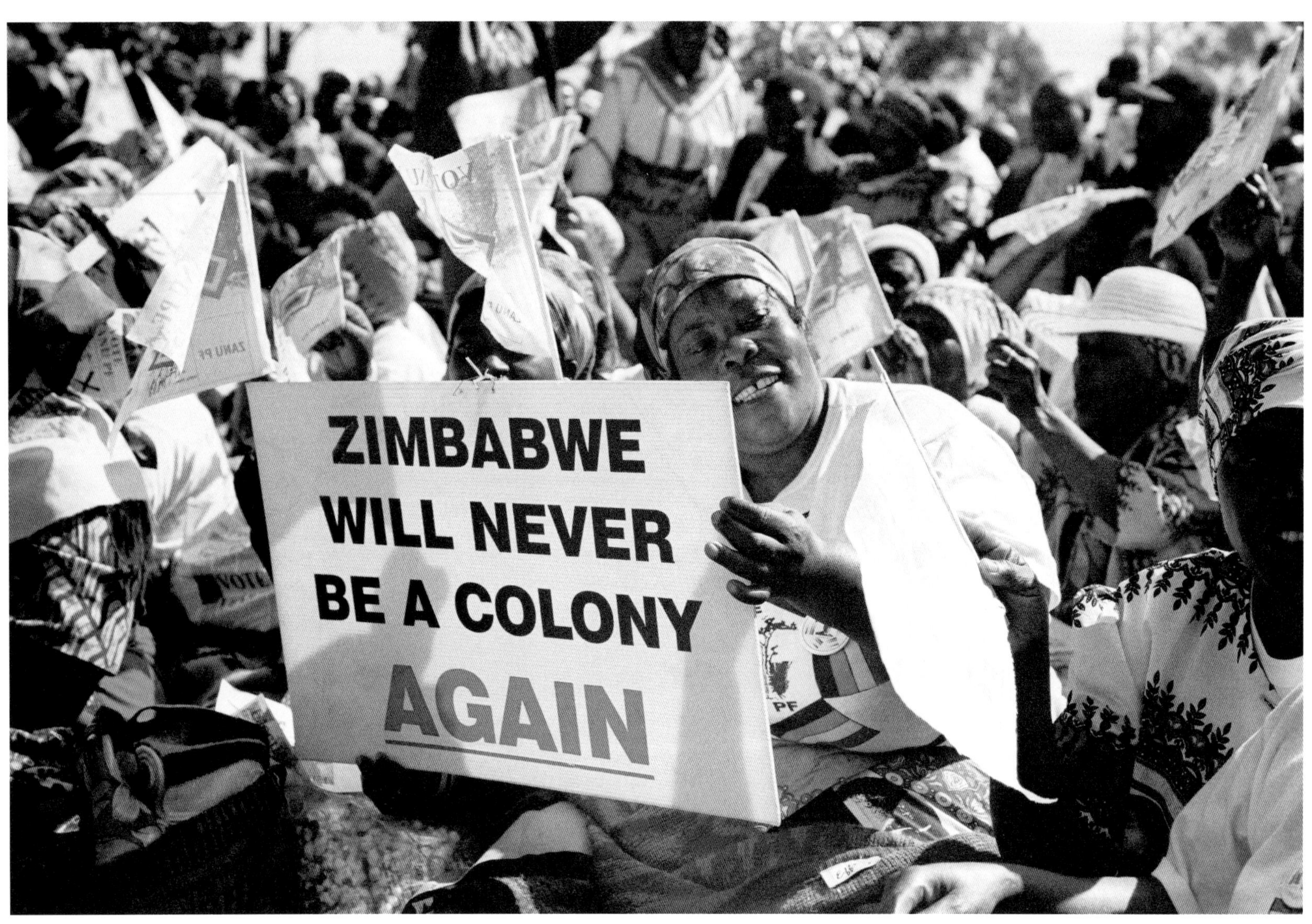
ZIMBABWE
WILL NEVER
BE A COLONY
AGAIN

THE FABRICS OF MAN, FAMILY AND SOCIETY

Life and Work of Photographer Calvin Dondo

Calvin Dondo (b. 1963) photographs people with scientific diligence and humanistic commitment. When he completed his studies at the polytechnic university in Harare (1985-1988), Zimbabwe, he quickly attracted attention with his unique photographic studies focussing on the social environment of farmworkers in Zimbabwe. He unfailingly takes his photographs in this early stage of his career with respectful caution and profound recognition for every one of his subjects. Already as a young freelance photographer, Calvin Dondo is in great demand by foreign media and photo agencies looking to publish images from this very special, still all too rare perspective that shows appreciation for the people of Africa.

Calvin Dondo begins travelling regularly at the turn of the new millennium. He establishes himself as an artist not only in different realms, but is intentionally always between them - between the continents of Africa and Europe, where he is an artist in search of his own formal and aesthetic positions. Between worlds, especially the artworlds which are full of prejudices just starting to move towards each other: the ones in Africa that are still young, vital and highly contentious - and the international modern artworld that is indeed designated as such, but certainly Western oriented in its epistemological interest. And not least, he positions himself as a silent, yet very watchful observer between the normative discourses about what should be considered real and true art, and ultimately African or simply art. He always returns home - or better, he is always drawn home - between his travels: to Zimbabwe...

He is awarded the Sonderpreis ('special prize') of the Konrad Adenauer Foundation for the Bayreuth daily newspaper for his project titled 'Perspektivenwechsel: Calvin Dondos Ansichten' ('Change of Perspective: Calvin Dondo's Views') (2001), which he develops together with researchers on both art and Africa. He curates the Zimbabwean photography exhibition to the 'Rencontres de Bamako' (2003), the photography biennale in Mali. Only a few years later, Bamako awards him the Seydoou Keita Prize (2007) in recognition of the artist-photographer. Like numerous other 'third-world' artists before him, a trip to Cuba and participation in the Havana Biennale open up new possibilities for him: Ever since this politically and artistically important

DE VERBONDENHEID TUSSEN MENS, FAMILIE EN MAATSCHAPPIJ

Leven en werk van de fotograaf Calvin Dondo

Calvin Dondo (° 1963) fotografeert mensen met wetenschappelijke toewijding en vanuit een humanistische overtuiging. Na zijn studies aan de polytechnische universiteit van de Zimbabwaanse hoofdstad Harare (1985-1988), trok hij al snel de aandacht met zijn unieke fotoreportages, die voornamelijk het sociale milieu van de landarbeiders in Zimbabwe afbeeldden. In dit vroege stadium van zijn carrière getuigden zijn foto's zonder uitzondering van een behoedzame omgang met en een diep respect voor zijn subjecten. Als jonge freelancer was Calvin Dondo een veel gevraagde fotograaf en werkte hij voor buitenlandse media en fotoagentschappen die foto's wilden publiceren die waren gemaakt vanuit een zeer bijzonder, maar nog al te zelden gehanteerd perspectief dat blijk gaf van een waardering voor de mensen van Afrika.

Rond de eeuwwisseling begon Calvin Dondo regelmatig te reizen. Hij maakte niet alleen naam als kunstenaar in verschillende domeinen, maar bewoog zich altijd heel bewust op de grenslijn tussen diverse werelden, tussen het Afrikaanse en het Europese continent. Als kunstenaar ging hij altijd op zoek naar wat voor hem uit formeel en esthetisch standpunt belangrijk was. Hij was geklemd tussen verschillende werelden, in het bijzonder kunstwerelden, die vol vooroordelen zaten en pas naar elkaar begonnen toe te groeien: de jonge, vitale en polemische Afrikaanse kunstwereld en de internationale moderne kunstwereld waarvan de epistemologische belangstelling zonder enige twijfel westers gericht was. Hij positioneerde zichzelf als een stille, maar tegelijk zeer waakzame waarnemer tussen het normatieve discours over wat als *echte* en *ware* kunst, en uiteindelijk als *Afrikaanse* kunst of gewoonweg als kunst moest worden beschouwd. Tussen zijn reizen in keerde hij altijd naar huis terug – of beter gezegd, werd hij altijd opnieuw aangetrokken om naar huis terug te keren, naar Zimbabwe...

Hij werd bekroond met de Sonderpreis van de Konrad Adenauer Stichting voor zijn fotografieproject over kunst en Afrika getiteld 'Een andere zienswijze: de standpunten van Calvin Dondo' (2001) dat hij uitwerkte samen met wetenschappers die zich voor kunst en Afrika interesseerden en een vaste rubriek was in de Bayreuthse krant 'Nordbayerischer Kurier'. Hij organiseerde de zimbabweaanse fototentoonstelling bij de 'Rencontres de Bamako' (2003), de biënnale voor fotografie in Mali. Slechts enkele jaren later kreeg hij in Bamako de Prix Seydou Keita (2007) als erkenning voor zijn

LES STRUCTURES DE L'HOMME, DE LA FAMILLE ET DE LA SOCIÉTÉ

Vie et œuvre du photographe Calvin Dondo

Calvin Dondo, né en 1963, photographie les gens avec précision et un réel engagement humaniste. Dès la fin de ses études à l'Université polytechnique de Harare au Zimbabwe (1985-1988), ses travaux photographiques exceptionnels, consacrés au milieu social des ouvriers agricoles zimbabwéens, attirent rapidement l'attention. Ses photos sont en effet immanquablement empreintes de respect et d'une profonde reconnaissance pour ses sujets. Les travaux du jeune photographe indépendant étaient déjà particulièrement recherchés par les agences médias et photos étrangères, intéressées par son point de vue personnel, qui offrait un regard différent, rare à cette époque, sur les peuples d'Afrique.

Calvin Dondo a commencé à voyager régulièrement au tournant du nouveau millénaire. Il se présente comme un artiste explorant les Mondes, qui se place intentionnellement entre les continents d'Afrique et d'Europe, tout en y recherchant ses propres positions formelles et esthétiques. Il navigue entre l'univers de l'art contemporain en Afrique, jeune, dynamique et fortement contestataire et le monde international de l'art moderne, tourné vers l'Occident dans son intérêt épistémologique. Surtout, il se positionne comme un observateur silencieux, quoique très vigilant, entre les discours normatifs sur ce qui doit être considéré comme de l'art *réel* et *vrai*, et enfin, l'art africain ou l'art tout court. Mais entre chaque voyage, il retourne toujours chez lui – ou plutôt, il est toujours entraîné vers son pays : le Zimbabwe…

En 2001, il s'est vu décerner le Sonderpreis ("Prix spécial de la presse") par la Fondation Konrad Adenauer pour son projet intitulé "Perspektivenwechsel : Calvin Dondos Ansichten" ("Changement de perspective : les points de vue de Calvin Dondo") dans le quotidien de Bayreuth, qu'il développe avec des chercheurs sur l'art et l'Afrique. En 2003, il organise l'expo photo du Zimbabwe aux "Rencontres de Bamako", la biennale de photographie du Mali. Quelques années plus tard, Bamako lui décerne le Prix Seydou Keita (2007), en reconnaissance de son travail d'artiste photographe. Comme de nombreux autres artistes du sud avant lui, il part pour Cuba et participe à la Biennale de La Havane qui lui ouvre de nouvelles portes. En effet, depuis sa création en 1984, cette manifestation importante sur le plan politique et artistique est considérée comme un tremplin vers le monde "exclusif" de l'art occidental, dont les personnalités influentes sont toujours à la recherche de nouveaux talents encore inconnus.

THE FABRICS OF MAN, FAMILY AND SOCIETY

Leben und Werk des Fotografen Calvin Dondo

Calvin Dondo (geb. 1963) fotografiert mit wissenschaftlicher Sorgfalt und humanistischem Bekenntnis Menschen. Seine Ausbildung absolvierte er an der Polytechnischen Hochschule in Harare (1985-1988), Zimbabwe; Rasch zieht er Interesse mit seinen einzigartigen fotografischen Studien über das soziale Milieu der Farmarbeiter in Zimbabwe auf sich. Stets sind seine Bilder in dieser frühen Phase mit respektvoller Vorsicht und tief greifender Anerkennung für die einzelnen Menschen aufgenommen. Als junger, freischaffender Fotograf wird Calvin Dondo so zu einem erlesenen Partner für ausländische Medien und Bildagenturen, die den besonderen und häufig noch allzu seltenen - wertschätzenden Blick - auf Menschen in Afrika veröffentlichen möchten.

Seit Beginn des neuen Jahrtausends unternimmt der Fotograf regelmäßig Reisen. Er etabliert sich als Künstler nicht nur in unterschiedlichen Räumen, sondern bewusst auch stets dazwischen. Zwischen den Kontinenten Afrika und Europa, wo er nach eigenen formalen und ästhetischen Positionen als Künstler sucht. Zwischen den Welten, speziell den sich einander eben erst und voller Vorurteile zuneigenden Kunstwelten: den noch jungen, vitalen und überaus streitbaren in Afrika und der zwar als international bezeichneten, aber in ihrem Erkenntnisinteresse an sich doch westlich orientierten, modernen Kunstwelt. Und nicht zuletzt zwischen den normativen Diskursen über das, was *echte* und *wahre*, letztlich *afrikanische* oder einfach Kunst eigentlich sei, verortet er sich als stiller aber überaus wachsamer Beobachter. Zwischen den Reisen kehrt er, ja, drängt es ihn immer wieder nach Hause zurück: Zimbabwe…

Er gewinnt den Sonderpreis der Konrad Adenauer Stiftung für die Bayreuther Tageszeitung mit seinem Projekt "Perspektivenwechsel: Calvin Dondos Ansichten" (2001), das er gemeinsam mit Kunst- und Afrikawissenschaftlern der Universität entwickelt, er organisiert im Rahmen der Biennale "Rencontres de Bamako" (2003), Mali, die zimbabwische Fotografie-Ausstellung, für sein Heimatland und wird einige Jahre später dort selbst mit dem Seydou Keita Prize (2007) ausgezeichnet. Mit einer Reise nach Kuba und seiner Teilnahme an der Havanna Biennale öffnet sich wie für zahlreiche andere Künstler aus der so genannten "Dritten Welt" schließlich ein weiterer Raum: seit der ersten Kunstbiennale im Jahr 1984 gilt eine Beteiligung an dieser nicht

exhibition was first held in 1984, it has been considered a door opener to the exclusive Western artworld, whose movers and shakers are always on the lookout for new talent that even they haven't discovered yet.

Back home in Zimbabwe, besides being busy with his other activities, Calvin Dondo establishes and supports *Gwanza*, training local emerging photographers and the *Month of Photography*, which still brings extraordinary photographers from Southern Africa to Zimbabwe every year. His photographs are displayed at exhibitions in Austria, Belgium, Benin, Burkina Faso, Canada, China, England, France, Italy, Japan, Namibia, the Netherlands, Norway, Senegal, Spain, South Africa and the United States.

His medium is the gaze transmitted into the photograph; he himself is his most important tool: he can completely remove his physical presence with astonishing ease and take himself behind his own view as he takes his pictures. It is a phenomenon that many who work with him bear witness to - especially those who stand in front of his old Mamiya 645 medium-format camera or end up in the viewfinder of his Nikon. The latter is equipped with a 50 mm lens, roughly the same perspective as the human eye.

There are three key aspects that characterize his work and the development of the different corpora: While striving to investigate the conditions that make it possible to gain knowledge of man using his own fundamental approach, he visualizes the complexity and contrariness of man as the driving force behind his artistic yearning. This culminates in his 'visualizations', which give the observer of his photographs an impression of the layers of the past in the present moment. The images are embedded in these layers as testimonies of time. They are superimposed with the history of the social realm, as is visible in photographs of the 'Highfield' corpus, which only appear to have been taken incidentally.

For the collective memory 'Highfield' is an ambivalent witness to the national history of today's Zimbabwe: This suburb, so inseparably linked to the colonial past and the fight for liberation and independence, now so clearly represents the current struggle for power and dominance in the country. What until now had been the classic anthropological method of participant observation that enabled him to condense the sedimentary layers of individual and cultural memory as part of the present in ambiguous images, has evolved into balanced compositions of colour, light and shadows that present the observer of his most recent photographs with new and exciting aesthetics characterized by offensive and smooth surfaces and resilient depths. To dare enter these depths,

werk als kunstenaar-fotograaf. Net als voor vele andere kunstenaars uit de 'derde wereld' vóór hem, boden een reis naar Cuba en zijn deelname aan de Biënnale van Havana nieuwe mogelijkheden. Sinds deze zowel politiek als artistiek belangrijke tentoonstelling in 1984 voor het eerst werd georganiseerd, wordt ze als een springplank beschouwd die de deuren opent naar de exclusieve, westerse kunstwereld, waarvan de talentenjagers constant op zoek zijn naar nieuwe en veelbelovende fotografen die zelfs zij nog niet hebben ontdekt.

Na zijn terugkeer naar Zimbabwe richtte Calvin Dondo naast zijn andere activiteiten de vzw *Gwanza* op, die de opleiding van lokale opkomende fotografen ondersteunt en organiseert hij de tentoonstelling *Month of Photography*, die elk jaar nog steeds buitengewone fotografen uit heel Zuidelijk Afrika naar Zimbabwe brengt. Zijn foto's worden tentoongesteld in België, Benin, Burkina Faso, Canada, China, Engeland, Frankrijk, Italië, Japan, Namibië, Nederland, Noorwegen, Oostenrijk, Senegal, Spanje, de Verenigde Staten en Zuid-Afrika.

Zijn medium is de blik die in de foto wordt overgebracht. Hij gebruikt zichzelf als zijn belangrijkste werkinstrument. Als hij foto's maakt, kan hij zijn lichamelijke aanwezigheid met sprekend gemak helemaal uitwissen en zichzelf volledig wegcijferen. Velen die met hem hebben samengewerkt, bevestigen dit, zeker wanneer ze voor zijn oude Mamiya 645 middelformaatcamera hebben gestaan of in de zoeker van zijn Nikon zijn terechtgekomen, een toestel met een 50 mm-lens, die nagenoeg hetzelfde perspectief biedt als het menselijke oog.

Zijn werk en de fotoreeksen die hij maakt, worden voornamelijk gekenmerkt door drie aspecten. Terwijl hij de voorwaarden wil onderzoeken die hem in staat stellen om kennis te verwerven over de mens vanuit zijn eigen fundamentele benadering, wil hij ook de complexiteit en de eigenwijsheid van de mens als stuwende kracht achter zijn sterke artistieke verlangen op foto vastleggen. Dit culmineert in zijn 'visualiseringen', die aan al wie zijn foto's bekijkt een indruk geven van de invloed die de betekenislagen uit het verleden op het heden uitoefenen. De foto's zijn in die lagen ingebed als getuigen van vervlogen tijden. De geschiedenis van de sociale ontwikkelingen wordt er deel van, zoals in de foto's van de 'Highfield'-reeks, die terloops lijken te zijn gemaakt.

Voor het collectieve geheugen is 'Highfield' een dubbelzinnige getuige van de nationale geschiedenis van het huidige Zimbabwe. Die voorstad, die zo onafscheidelijk verbonden is met het koloniale verleden en de strijd voor vrijheid en onafhankelijkheid, staat nu duidelijk voor de strijd om macht en overheersing die tegenwoordig in het land wordt

De retour au pays, Calvin Dondo fonde et soutient *Gwanza*, qui vise à former des photographes locaux émergents, ainsi que le *Month of Photography*, qui invite chaque année au Zimbabwe d'extraordinaires photographes africains. Ses photographies sont aujourd'hui exposées dans le monde entier : Afrique du Sud, Angleterre, Autriche, Belgique, Bénin, Burkina Faso, Canada, Chine, Espagne, États-Unis, France, Italie, Japon, Namibie, Norvège, Pays-Bas et Sénégal.

Sa particularité et sa force d'expression se situent dans son regard. Lorsqu'il photographie, il réussit toujours à gommer sa présence physique avec une facilité déconcertante et à se distancier de son sujet. Beaucoup de personnes qui ont travaillé avec lui peuvent en témoigner, notamment ceux qui se sont trouvés face à son vieil appareil Mamiya 645 moyen format ou dans le viseur de son Nikon. Ce dernier est équipé d'une lentille de 50 mm, qui offre plus ou moins la même perspective que l'œil humain.

Trois aspects essentiels caractérisent son œuvre et ses différents travaux thématiques : il tente de mieux connaître l'Homme et c'est la complexité de cet homme/sujet qu'il essaie d'approcher, de visualiser. L'Homme est donc la force motrice qui anime sa recherche artistique. Cela donne au public une impression de différentes couches revenues du passé et qui se superposent dans l'instant présent. Des images démultipliées comme des témoignages perceptibles du temps qui passe. Elles viennent se superposer à l'histoire de la sphère sociale, comme cela est visible dans les photographies du corpus "Highfield" qui semblent uniquement avoir été prises incidemment.

Pour la mémoire collective, "Highfield" est un lieu témoin important et ambivalent de l'histoire nationale du Zimbabwe. Cette banlieue, inséparablement liée au passé colonial et à la lutte pour la libération et l'indépendance, représente aujourd'hui très clairement la lutte actuelle pour le pouvoir et la domination dans le pays. La méthode d'observation anthropologique classique, qui avait permis à Calvin Dondo de condenser les couches sédimentaires de la mémoire individuelle et culturelle dans des images ambiguës, s'est transformée, dans le projet qu'il consacre à cette banlieue qu'il connaît bien, en compositions équilibrées de couleur, lumière et ténèbres qui fait découvrir à l'observateur une nouvelle esthétique passionnante caractérisée par des surfaces choquantes et douces ainsi que des profondeurs résistantes. Oser pénétrer ces clichés, entrer en contact avec le sens profond de ses images, tel est le défi qui attend l'observateur de l'œuvre toute à la fois unique et variée de Calvin Dondo.

nur kunstpolitisch bedeutsamen Ausstellung als Türöffner zur exklusiven westlichen Kunstwelt, deren Macher und Repräsentanten dort regelmäßig nach von ihnen selbst noch unentdeckten Talenten Ausschau halten.

Zuhause in Zimbabwe gründet und begleitet Calvin Dondo mit *Gwanza* parallel zu seinen anderen Aktivitäten den *Monat der Fotografie*, der bis heute jährlich herausragende Fotografinnen und Fotografen aus dem südlichen Afrika in Zimbabwe versammelt. Seine Fotografien sind in Ausstellungen in Belgien, Benin, Burkina Faso, China, England, Frankreich, Italien, Japan, Kanada, Namibia, den Niederlanden, Norwegen, Österreich, Senegal, Spanien, Südafrika und den Vereinigten Staaten gezeigt worden.

Sein Medium ist der in die Fotografie überführte Blick, sein wichtigstes Werkzeug ist er selbst; Mit erstaunlicher Leichtigkeit kann der Fotograf seine physische Präsenz vollkommen zurücknehmen und im Prozess des Fotografierens hinter das eigene Schauen zurücktreten. Dies ist ein Phänomen, das viele Menschen, die mit ihm arbeiten bestätigen - insbesondere jene, die als Familien vor seiner alten Mamiya 645 Mittelformat-Kamera stehen oder in den Sucher seiner Nikon gelangen. Letztere ist mit einer 50 mm Linse ausgestattet, in etwa der Blickwinkel des menschlichen Auges.

Drei wesentliche Aspekte charakterisieren das Werk und die Entwicklung der unterschiedlichen Korpora : Während er in fundamentaler Weise die Bedingungen der Möglichkeit der Erkenntnis über den Menschen selbst zu erkunden sucht, visualisiert er die menschliche Komplexität und Widersprüchlichkeit als zentrales Momentum seiner kütlerischen Suchens, welches zuletzt, in seiner 'Verbildlichung' den Betrachtern seiner Fotografien eine Ahnung von den Schichten der Vergangenheit in der Gegenwart eröffnen will. In diese sind die Bilder als Zeitzeugnisse eingebettet. Sie sind überlagert durch die Historie des sozialen Raums wie es z.B. die nur scheinbar beiläufig aufgenommen Fotografien des Korpus "Highfield" zeigen.

Denn die kollektive Erinnerung verortet in "Highfield" die nationale Geschichte des heutigen Zimbabwe in ambivalenter Weise. So untrennbar der Vorort von Harare mit der kolonialen Geschichte und dem Befreiungskampf für die Unabhängigkeit verbunden ist, so klar steht er für die aktuellen Auseinandersetzungen um Macht und Vorherrschaft im Land. War es bisher die klassisch anthropologische Methode der teilnehmenden Beobachtung, welche ihm ermöglichte, die sedimentierten Schichten individueller und kultureller Erinnerung als Teil der Gegenwart in vieldeutigen Bildern zu verdichten, so führen ausgewogene Kompositionen aus Farbe,

to make contact with the turbulent layers of meaning - this is the difficult challenge that is expected of the observer of Calvin Dondo's work with its unique and varied corpora.

He gives himself as much time as he needs for his cycles - years for the thoroughly composed sequence 'New German Families', a visual examination of the emotional state of adoptive families in Germany. It was decades for 'Highfield', the series that he had been working on and photographing in the capital since the 1980s. His life still centres around this city; it is also where he finds most of his subjects, regardless of whether his perspective is for documentary or conceptual purposes. An example of this is the subject behind the green glass doors in the picture series titled after a nursery rhyme: *Kuenda humbangu kudzoka humbango*. This rhyme asks children in jest to name something that moves without going anywhere, and a swinging door is the answer. Calvin Dondo positions obscure human figures behind this door in different poses as a parable: What happens when doors remain closed? What happens when they open?

Although the visual languages are completely different from each other in the various corpora, the dividing line is blurred between artistic practice and ethnography, between the meticulous observations of a participant observer and the analytical documentation of social findings in a condensed artistic form. Calvin Dondo's photography goes beyond the established epistemic realms with this very distinct approach and transforms his visual ethnography into artistic expression.

CHRISTINE SCHERER

gevoerd. De klassieke antropologische methode van participerende waarneming die hem in staat stelde om de sedimentaire lagen van het individuele en culturele geheugen in ambiguë foto's te condenseren als deel van het heden, heeft zich ontwikkeld tot evenwichtige composities van kleur, licht en schaduw die de bekijker van zijn meest recente foto's een nieuwe en opwindende esthetiek bieden, gekenmerkt door agressieve en gladde oppervlakken en veerkrachtige diepten. Die diepten durven binnentreden, contact durven leggen met de turbulente betekenislagen – dit is de moeilijke uitdaging die wordt verwacht van al wie Calvin Dondo's werk, met zijn unieke en gevarieerde fotoreeksen, bekijkt.

Hij gunt zichzelf voor zijn cycli de tijd die hij nodig heeft: jaren voor de fotoreeks serie 'Nieuwe Duitse gezinnen', een visueel onderzoek van de emotionele toestand van adoptiegezinnen in Duitsland, decennia zelfs voor 'Highfield', de reeks waaraan hij sinds de jaren 1980 heeft gewerke en in de hoofdstad foto's heeft gemaakt. Zijn leven is nog steeds geconcentreerd rond die stad, de plaats waar hij de meeste van zijn onderwerpen vindt, ongeacht het feit of zijn perspectief voor documentaire of conceptuele doeleinden wordt gebruikt. Een voorbeeld hiervan is het voorwerp achter de groene glazen deuren in de fotoreeks die naar een kinderversje is genoemd: *Kuenda humbangu kudzoka humbango*. In dit versje wordt aan kinderen voor de grap gevraagd om iets te noemen dat beweegt zonder ergens naartoe te gaan. Het antwoord is een klapdeur. Calvin Dondo plaatst duistere menselijke figuren achter die deur in verschillende poses, net als in een parabel. Wat gebeurt er als de deuren gesloten blijven? Wat gebeurt er als ze worden geopend?

Hoewel de visuele talen in zijn diverse fotoreeksen totaal van elkaar verschillen, is er slechts een vage scheidingslijn tussen artistieke praktijk en etnografie, tussen de meticuleuze waarnemingen van een deelnemende toeschouwer en het analytische documenteren – in een gecondenseerde vorm – van wat hij in de samenleving vastelt. Met die zeer aparte aanpak overstijgt de fotografie van Calvin Dondo de gevestigde epistemische domeinen en wordt zijn visuele etnografie omgetoverd tot een artistieke expressie.

CHRISTINE SCHERER

Il prend le temps pour réaliser ses travaux. Des années pour la série "New German Families", un regard sur l'état émotionnel des familles adoptives en Allemagne. Des décennies pour "Highfield", la série sur laquelle il travaille depuis les années 1980 où il photographie Harare. Sa vie est toujours centrée sur la capitale. Il y trouve la plupart de ses sujets, dont cette série de portraits derrière les portes en verre vertes. La série se réfère à une comptine : *Kuenda humbangu kudzoka humbango* qui demande aux enfants de citer quelque chose qui bouge sans aller nulle part et la réponse est une porte coulissante. Calvin Dondo place donc des silhouettes humaines obscures derrière la porte dans différentes positions comme une parabole : que se passe-t-il lorsque les portes restent closes ? Que se passe-t-il lorsqu'elles s'ouvrent ?

Même si les langages visuels sont complètement différents entre les divers thèmes, la ligne de séparation entre pratique artistique, ethnographie, observations méticuleuses et documentation analytique des constats sociaux reste très floue mais la forme artistique de ses clichés est indéniable. La photographie de Calvin Dondo dépasse les domaines épistémiques établis avec cette approche très distincte et transforme son ethnographie visuelle en expression artistique.

CHRISTINE SCHERER

Licht und Schatten den Betrachter der rezenten Fotografien in eine neue, spannungsreiche Ästhetik, offensiv und glatt an der Oberfläche, widerständig in der Tiefe. Sich auf diese Tiefe einzulassen, sich durch die aufgewühlten Bedeutungsebenen zu tasten, dies ist denn auch die schwierige Leistung, die das Werk Calvin Dondos mit seinen diversen und differenten Korpora dem Betrachter abverlangt.

Für seine Zyklen nimmt er sich viel Zeit. Jahrelang für die stringent durchkomponierte Folge 'New German Families', eine visuelle Untersuchung über den emotionalen Zustand von Adoptivfamilien in Deutschland. Jahrzehnte fotografiert er im Falle der Serie 'Highfield', die seit den 1980er Jahren in der Hauptstadt entstanden sind. Hier befindet sich auch heute noch sein Lebensmittelpunkt, hier findet er auch heute noch die meisten Motive, unabhängig davon, ob er sie dokumentarisch oder konzeptuell in den Blick nimmt wie beispielsweise die Akteure hinter den grünen Glastüren in der Bilderserie, die einen Kinderreim als Titel trägt: *Kuenda humbangu kudzoka humbango*. Dieser Reim fragt Kinder scherzhaft nach etwas, das sich ohne Ergebnis bewegt und meint eine schwingende Tür. Calvin Dondo positioniert obskure menschliche Figuren hinter dieser Tür in unterschiedlichen Posen als Gleichnis: Was geschieht, wenn Türen verschlossen bleiben? Was, wenn sie sich öffnen?

Obwohl die Bildsprachen in den unterschiedlichen Korpora sich gänzlich voneinander unterscheiden, verschwimmt jeweils die Trennungslinie zwischen künstlerischer Praxis und Ethnographie, zwischen teilnehmender Beobachtung eines akribisch Schauenden und der Dokumentation eines sozialen Befundes, analysiert und komprimiert in künstlerische Form. Calvin Dondos Fotografie überschreitet auf diese ganz spezielle Art etablierte epistemische Räume und überführt seine visuelle Ethnographie in künstlerischen Ausdruck.

CHRISTINE SCHERER

Calvin Dondo is an established artist and curator. He studied photography at Harare Polytechnic from 1985 to 1988, and his work as a freelance photographer has been published in various local and international publications.

He represented Zimbabwe at the 54th Venice Biennale and has exhibited at the Havana Biennale, Paris Photo and multiple times at Bamako (African Photography Biennale). He has also exhibited work at the Museum of Contemporary Art (Detroit), Yokahoma Museum of Modern Art (Japan), Manchester City Art Gallery, Salzburg Modern Art Museum and the Centre for Contemporary Art in Barcelona.

He has won a number of awards including Grand Prize at Bamako (2007) and the Konrad Adenauer Special Press Prize.

His passion for storytelling through images earned Dondo wide international acclaim. He is the founder and curator of GWANZA, an artists' collective which organises each year the exhibition Month of Photography in Zimbabwe.

Sources : http://lensontwelve.com &
the catalogue to the Zimbabwe Pavilion at the 54th Venice Biennale

Calvin Dondo is een gevestigde waarde als kunstenaar en curator. Van 1985 tot 1988 studeerde hij fotografie aan de Polytechnische Hogeschool van Harare. Zijn werk als freelance fotograaf kreeg aandacht in diverse lokale en internationale publicaties.

Hij vertegenwoordigde Zimbabwe op de 54ste Biënnale van Venetië en zijn werk werd tentoongesteld op evenementen als de Biënnale van Havana, Paris Photo en meerdere malen op de Afrikaanse Fotografie Biënnale van Bamako (Mali). Hij stelde zijn werk ook tentoon in het Museum of Contemporary Art (Detroit), het Museum voor Moderne Kunst in Yokohama (Japan), de Manchester City Art Gallery, het Museum der Moderne in Salzburg en het Centro de Arte Contemporáneo in Barcelona.

Hij kreeg ook een aantal onderscheidingen, waaronder de Grote Prijs van Bamako (2007) en de Bijzondere Persprijs van de Konrad Adenauer Stichting.

Dondo verwierf grote internationale faam door zijn passie om verhalen te vertellen aan de hand van foto's. Hij is tevens de oprichter en curator van het kunstenaarscollectief GWANZA, dat in Zimbabwe elk jaar de fototentoonstelling 'Month of Photography' organiseert.

Bronnen : http://lensontwelve.com en
de catalogus van het Paviljoen van Zimbabwe op de 54ste Biënnale van Venetië

Calvin Dondo est un artiste photographe de renom. Il a étudié la photographie à l'École Polytechnique d'Harare de 1985 à 1988 et ses travaux en tant que photographe indépendant ont été édités dans diverses publications locales et internationales.

Il a représenté le Zimbabwe à la 54e Biennale de Venise et exposé ses œuvres au cours de nombreuses manifestations dont la Biennale de La Havane, Paris Photo et les Rencontres de Bamako (Biennale africaine de la photographie). Ses travaux ont également été accrochés aux cimaises du Museum of Contemporary Art de Détroit, du Musée d'Art Moderne de Yokohama (Japon), de la City Art Gallery de Manchester, du Museum der Moderne de Salzbourg et du Centro de Arte Contemporáneo de Barcelone.

Calvin Dondo a remporté un grand nombre de prix, parmi lesquels le Grand Prix de Bamako (2007) et le Prix Spécial de la Presse de la Fondation Konrad Adenauer.

Sa passion pour la narration par l'image lui a valu une large reconnaissance internationale. Il est le fondateur et le conservateur de GWANZA, un collectif d'artistes qui organise chaque année l'exposition Month of Photography au Zimbabwe.

Sources : http://lensontwelve.com et
le catalogue du Pavillon du Zimbabwe lors de la 54e Biennale de Venise

CALVIN DONDO

Calvin Dondo hat sich als Künstler und Kurator einen Namen gemacht. Von 1985 bis 1988 studierte er Fotografie an der Polytechnischen Hochschule in Harare. Seine fotografischen Arbeiten sind in vielen simbabwischen und internationalen Publikationen erschienen.

Er vertrat Simbabwe auf der 54. Biennale in Venedig, seine Arbeiten wurden u.a. auf der Biennale in Havanna, der Paris Photo und der Afrikanische Fotografie Biennale in Bamako gezeigt. Er hat außerdem im Museum of Contemporary Art (Detroit, USA), im Yokohama Museum of Modern Art (Japan), in der Manchester City Art Gallery (Großbritannien), im Museum für Moderne Kunst in Salzburg (Österreich) und dem Centre for Contemporary Art in Barcelona (Spanien) ausgestellt.

Calvin Dondos Arbeiten sind mit zahlreichen Preisen ausgezeichnet worden, u.a. mit dem Grand Prize in Bamako (2007) und dem Journalistenpreis der Konrad Adenauer Stiftung Deutschland.

Dondos Passion, mit Bildern Geschichten zu erzählen hat ihm zu internationalem Ruhm verholfen. Calvin Dondo ist Gründer und Kurator von GWANZA, was sowohl der Name eines Künstler-Kollektivs ist als auch der Titel einer einmonatigen Veranstaltungsreihe zur Fotografie in Simbabwe.

Quellen : http://lensontwelve.com &
der Katalog der Zimbabwe-Pavillon auf der 54. Biennale in Venedig

DOREEN SIBANDA

Doreen Sibanda has been active in the Visual Arts sector in Zimbabwe for over thirty years, starting in 1981 as the Education Officer at the National Gallery of Zimbabwe. In 2004 she became its Executive Director.

In 2011, Doreen Sibanda was the Commissioner for the first Zimbabwe Pavilion at the 54th Venice Biennale. Currently her pressing aim is to realize the establishment of the National Gallery's School of Visual Arts and Design.

She is the author of *Zimbabwe Stone Sculpture: A Retrospective 1957-2007* and co-author of the *National Gallery of Zimbabwe: Celebrating 50 Years, 1957-2007*.

DOREEN SIBANDA

Doreen Sibanda is al meer dan dertig jaar actief in de sector van de Visuele Kunsten in Zimbabwe. Ze begon haar carrière in 1981 als onderwijsverantwoordelijke in de National Gallery van Zimbabwe. In 2004 werd ze er Algemeen Directeur.

In 2011 werd ze Commissaris van het Zimbabwaanse Paviljoen dat toen voor het eerst deelnam aan de 54ste Biënnale van Venetië. Momenteel gaat al haar energie naar de oprichting van het Instituut voor Visuele Kunsten en Design van de National Gallery.

Ze is de auteur van het boek *Zimbabwe Stone Sculpture: A Retrospective 1957-2007* en medeauteur van *National Gallery of Zimbabwe: Celebrating 50 Years, 1957-2007*.

DOREEN SIBANDA

Doreen Sibanda est active dans le secteur des arts visuels au Zimbabwe depuis plus de trente ans. Elle était depuis 1981 responsable du Service Éducatif de la Galerie Nationale du Zimbabwe, avant d'en devenir Directrice Générale en 2004.

En 2011, Doreen Sibanda a été la Commissaire du premier Pavillon du Zimbabwe lors de la 54e Biennale de Venise. Aujourd'hui, son projet le plus cher est de créer l'École des arts visuels et du design au sein de la Galerie Nationale.

Elle est l'auteur de *Zimbabwe Stone Sculpture: A Retrospective 1957-2007* et a participé à la rédaction de *National Gallery of Zimbabwe: Celebrating 50 Years, 1957-2007*.

DOREEN SIBANDA

Doreen Sibanda ist seit über dreißig Jahren im Bereich der Bildenden Kunst in Simbabwe tätig. Sie begann ihre Laufbahn an der Nationalgalerie von Simbabwe im Jahr 1981 als Bildungsbeauftragte; 2004 übernahm sie die Leitung der Institution.

Im Jahr 2011, war sie als Kommissionsmitglied für den simbabwischen Pavillon auf der 54. Biennale in Venedig verantwortlich. Zurzeit arbeitet sie intensiv daran, eine Schule für Bildende Kunst und Design an der Nationalgalerie zu etablieren.

Doreen Sibanda ist Autorin von *Zimbabwe Stone Sculpture: A Retrospective 1957 – 2007* und Co-Autorin von *National Gallery of Zimbabwe: Celebrating 50 Years, 1957-2007*.

CHRISTINE SCHERER

Christine Scherer (PhD), was trained as print-media journalist before she studied social anthropology, political science and romance literature at the University of Bayreuth (Germany).

After the completion of her studies she worked for the Institute of African Studies, IAS, and the collaborative research centre 'Local Agency in Africa in the Context of Global Influences' at the University of Bayreuth where she specialised in fine arts and visual culture studies. For her dissertation project 'Art-making in Zimbabwe' she undertook research in Zimbabwe, Cameroon and Cuba. In the year 2001 she curated the comprehensive exhibition 'Art from Zimbabwe – Art in Zimbabwe' in Bayreuth and conducted several events in close collaboration with artists of the Zimbabwean artworld.

Since 2007 she is scientific coordinator and administrative director of the Bayreuth International Graduate School of African Studies, BIGSAS.

CHRISTINE SCHERER

Christine Scherer (PhD), volgde eerst een opleiding tot journaliste van de gedrukte media en studeerde vervolgens sociale antropologie, politieke wetenschappen en Romaanse literatuur aan de Universiteit van Bayreuth (Duitsland).

Nadat ze haar studies had voltooid, werkte ze voor het Instituut voor Afrikaanse Studies - IAS en de Bijzondere Onderzoekseenheid 'Lokale acties in Afrika in de context van globale invloeden' aan de Universiteit van Bayreuth, waar ze zich specialiseerde in schone kunsten en de studie van de visuele cultuur. Voor haar doctoraatsthesis 'Art-making in Zimbabwe' voerde ze onderzoek uit in Zimbabwe, Kameroen en Cuba. In 2001 was ze curator van de uitgebreide tentoonstelling 'Art from Zimbabwe – Art in Zimbabwe' in Bayreuth en leidde ze diverse evenementen in nauwe samenwerking met kunstenaars uit de Zimbabwaanse kunstwereld.

Sinds 2007 is ze wetenschappelijk en administratief directeur van het Internationaal Hoger Instituut voor Afrikaanse Studies in Bayreuth.

CHRISTINE SCHERER

Christine Scherer, Docteur en philosophie, a suivi une formation de journaliste de presse écrite avant d'étudier l'anthropologie sociale, les sciences politiques et la littérature romane à l'Université de Bayreuth (Allemagne).

Au terme de ses études, elle a collaboré avec l'*Institut für Afrikastudien* (IAS – Institut des études africaines) et le centre de recherche collective "Local Agency in Africa in the Context of Global Influences" de l'Université de Bayreuth, où elle s'est spécialisée dans les études des beaux-arts et de la culture visuelle. Pour son projet de thèse, "Art-making in Zimbabwe" (La conception artistique au Zimbabwe), elle a mené des recherches au Zimbabwe, au Cameroun et à Cuba. En 2001, elle a organisé l'exposition, "Art from Zimbabwe – Art in Zimbabwe" à Bayreuth et dirigé plusieurs événements en étroite collaboration avec des artistes du Zimbabwe.

Depuis 2007, elle est coordinatrice scientifique et directrice administrative de l'*International Graduate School of African Studies* (BIGSAS – École supérieure internationale d'études africaines) de Bayreuth.

CHRISTINE SCHERER

Christine Scherer (Dr. phil.) absolvierte eine Ausbildung als Journalistin für Printmedien, bevor sie an der Universität von Bayreuth Sozialanthropologie, Politische Wissenschaften und Romanistik studierte.

Nach Abschluss des Studiums arbeitete sie am Institute of African Studies (IAS) und im Sonderforschungsbereich „Local Agency in Africa in the Context of Global Influences" der Universität Bayreuth, wo sie sich auf Bildende Kunst. Für ihr Dissertationsprojekt „Art-making in Zimbabwe" führte sie Forschungsarbeiten in Simbabwe, Kamerun und Kuba durch. Im Jahr 2001 kuratierte sie die umfassende Bayreuther Ausstellung „Art from Zimbabwe – Art in Zimbabwe" und organisierte in diesem Kontext zahlreiche Veranstaltungen und Projekte in enger Zusammenarbeit mit Künstlern aus Simbabwe.

Seit 2007 ist sie wissenschaftliche Leiterin und Verwaltungsdirektorin der International Graduate School of African Studies (BIGSAS) in Bayreuth.

Art and culture are essential elements in a sustainable human development process. Africalia, largely supported by the Belgian Development Cooperation, is running result-based programmes conceived in collaboration with its partners in Africa. This philosophy is in line with : the Cotonou Agreement ; the UNESCO Convention on cultural diversity ; the Millennium Development Goals ; and the Paris Declaration on aid efficiency.

Culture is intimately linked with creativity ; it stimulates intercultural dialogue and increases positive identity awareness. Culture also represents market potential and educational value, so it can play a considerable part in the fight against poverty. Moreover, culture acts on behavioural change. Through its three-year programmes, Africalia supports professional organizations and networks in Africa that contribute to the flourishing of artists, that in turn play their social and societal role in strengthening democracies.

Kunst en cultuur zijn cruciaal voor het opbouwen van een duurzaam menselijk ontwikkelingverhaal. De visie van Africalia vertaalt zich, met de steun van de Belgische Ontwikkelingssamenwerking (DGD), in resultaatsgerichte programma's met lokale partners in Afrika. Dit ligt tevens in de lijn van het Verdrag van Cotonou, de UNESCO Conventie over culturele diversiteit, de Millennium Ontwikkelingsdoelstellingen en de Verklaring van Parijs rond efficiënte internationale samenwerking.

Cultuur is nauw verweven met creativiteit, opent de interculturele dialoog en stimuleert een positief identiteitsbewustzijn. Bovendien heeft cultuur een fundamenteel economische en educatieve waarde. De cultuursector speelt dan ook een significante rol in de strijd tegen armoede en werkt gedragsverandering in de hand. Met driejarenprogramma's ondersteunt Africalia structuren en professionele netwerken op het continent, zodat artiesten zich kunnen ontplooien en in waardige omstandigheden hun sociale en maatschappelijke rol kunnen spelen in het versterken van de democratie.

Art et Culture sont des éléments essentiels dans la dynamique du développement humain durable. C'est la vision d'Africalia, dont les programmes, axés sur des résultats et des approches culturelles contemporaines, ont été conçus avec ses partenaires en Afrique. Soutenue par la Coopération belge, notre démarche s'appuie sur l'Accord de Cotonou, la Convention de l'UNESCO sur diversité culturelle, les Objectifs de Développement du Millénaire et la Déclaration de Paris qui cadre l'efficacité de l'aide au développement.

La culture est liée à la créativité, elle stimule le dialogue interculturel et valorise l'identité positive. Elle représente un potentiel économique et peut jouer un rôle important dans la lutte contre la pauvreté. La culture agit sur les changements de comportements et dans le domaine éducatif, elle complète les connaissances. Par le biais de programmes triennaux, Africalia soutient des structures et des réseaux professionnels africains qui contribuent à l'épanouissement des artistes et leur permettent d'assumer, dans de bonnes conditions, un rôle social et interpellateur, gage de démocratie.

Kunst und Kultur sind wesentliche Elemente in einem nachhaltigen menschlichen Entwicklungsprozess. Dafür steht Africalia mit seinen ergebnisorientierten, in Zusammenarbeit mit afrikanischen Partnern entwickelten Programmen. Die Zielsetzung stimmt mit das Abkommen von Cotonou, den Millenium-Entwicklungszielen der UN überein, der Pariser Erklärung über die Wirksamkeit der Entwicklungszusammenarbeit sowie der UNESCOKonvention zur kulturellen Vielfalt. Africalia wird zu weiten Teilen von der Belgischen Entwicklungszusammenarbeit unterstützt.

Kultur ist eng mit Kreativität verbunden, sie regt den interkulturellen Dialog an und stärkt das Bewusstein für die eigene Identität. Außerdem stellt Kultur ein Marktpotential dar und ist Grundlage von Bildung, daher kann sie einen wesentlichen Beitrag im Kampf gegen Armut leisten. Darüber hinaus bewirkt sie Verhaltensänderungen. Mit seinen Dreijahresprogrammen fördert Africalia professionnelle Organisationen und Netzwerke in Afrika zur Unterstützung von Künstlern, die ihrerseits eine soziale und gesamtgesellschaftliche Rolle bei der Stärkung der Demokratien einnehmen.

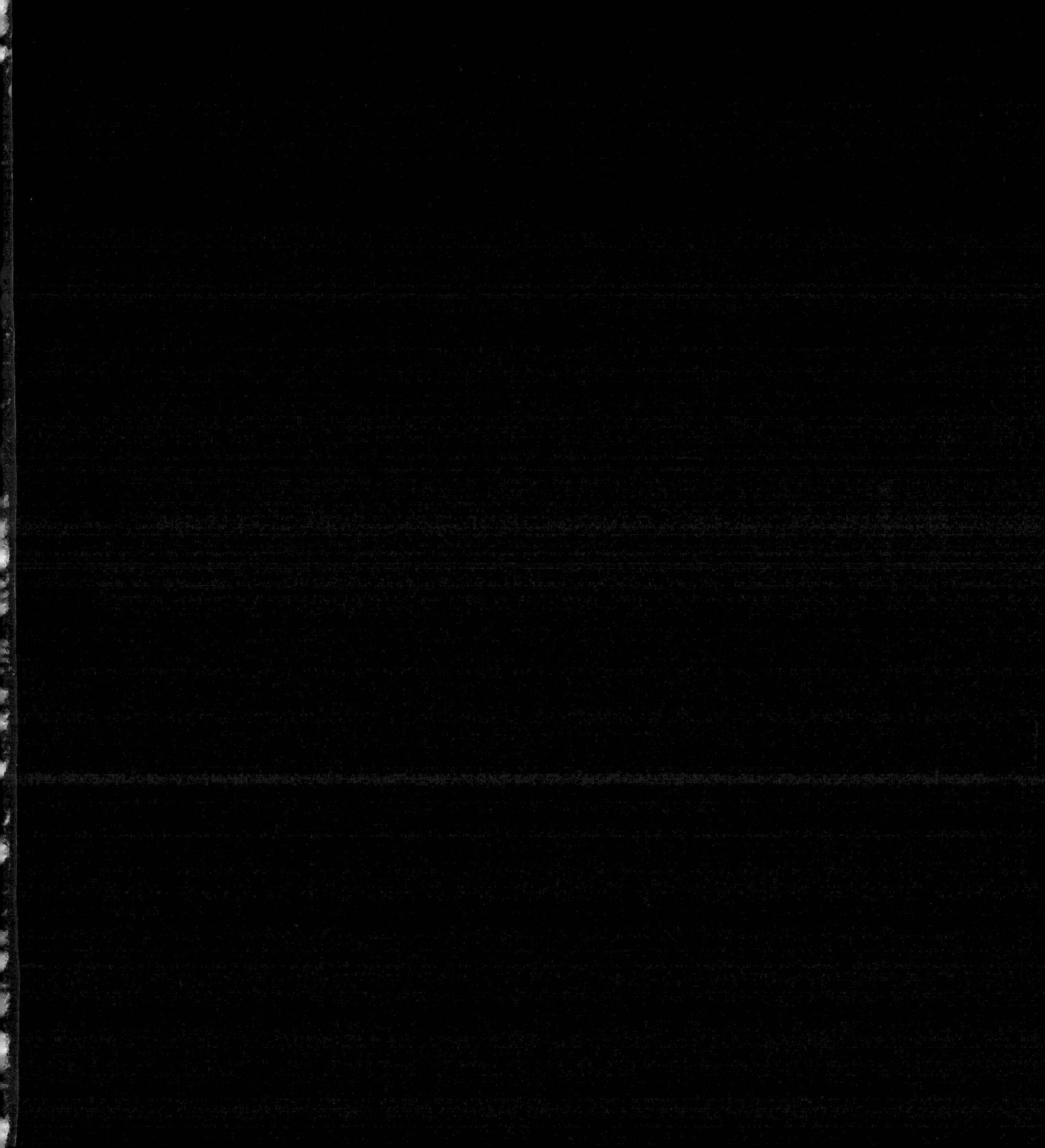